{传播

从媒介工具论到媒介存在论

西方媒介思想的演变

李　智　著

FROM INSTRUMENTALISM OF MEDIA TO ONTOLOGY OF MEDIA:

THE EVOLUTION OF WESTERN THOUGHTS ON MEDIA

中国传媒大学出版社

·北京·

图书在版编目(CIP)数据

从媒介工具论到媒介存在论：西方媒介思想的演变 /李智著. --北京：中国传媒大学出版社，2022.8(2024.6 重印)
(传播大讲堂论丛)
ISBN 978-7-5657-3244-7

Ⅰ. ①从… Ⅱ. ①李… Ⅲ. ①传播媒介—研究—西方国家 Ⅳ. ①G219.1

中国版本图书馆 CIP 数据核字(2022)第 140563 号

从媒介工具论到媒介存在论：西方媒介思想的演变
CONG MEIJIE GONGJULUN DAO MEIJIE CUNZAILUN：XIFANG MEIJIE SIXIANG DE YANBIAN

著　　者　李　智
责任编辑　井彩霞
责任印制　李志鹏
封面设计　风得信设计 · 阿东

出版发行　中国传媒大学出版社
社　　址　北京市朝阳区定福庄东街 1 号　　邮　　编　100024
电　　话　86-10-65450528　65450532　　传　　真　65779405
网　　址　http://cucp.cuc.edu.cn
经　　销　全国新华书店

印　　刷　北京中科印刷有限公司
开　　本　710mm×1000mm　1/16
印　　张　9.25
字　　数　130 千字
版　　次　2022 年 8 月第 1 版
印　　次　2024 年 6 月第 2 次印刷

书　　号　ISBN 978-7-5657-3244-7/G · 3244　　定　　价　48.00 元

前 言

本书无意于撰写一部系统完整的西方媒介思想史，而旨在通过概述西方媒介思想的大致演变历程来揭示西方人对媒介的根本性思考的整体走向，尤其是其间所发生的关键性转向。在这个写作方针指引下，本书着重阐发西方媒介思想从反媒介（中介）的媒介工具论到重媒介（“物”自身）的媒介存在论的转变中的本体论根源、理论表征及其所产生的学术效应。

伴随着西方哲学自20世纪以来从认识论（“看”，looking）转向生存论——超越和消解主-客（心与物）、身心二分即二元对立的人的生活实践经验（“做”，doing）——的实践转向，西方思想同时也发生了媒介转向，即从“心”“物”转向了超越主客体及其中介且超越一切存在者（现成物或对象物）而使一切存在者得以“存在”的“媒介（‘物’）”（包括语言/符号、空间、技术和身体等）。鉴于媒介的普遍意义，未来哲学的主题将归于“媒介”，以至于有学者称：“哲学最终可能只不过是媒介理论而已。”①换言之，未来的哲学或许只剩下或只能归结为相比于所谓专业领域的哲学更具有阐释能力的“媒介哲学”（Media Philosophy）——“媒介存在论”（Media Ontology：On Being）。在“媒介存在论”的观照下，作为“**生成境域/场域/环境/情境**”的隐喻——一种整体性和抽象性的隐喻，“媒介”不再是一种发挥中介作用的中性的工具或手段（作为存在者的具体的媒介物或居间物），而成为一种具有“本体”（本源）性、“主体”性的“存在”（关系结构/网络指引、指示、显现）。不过，它并不

① 哈曼.铃与哨：更思辨的实在论[M].黄芙蓉，译.重庆：西南大学出版社，2018：219.

是如同“心”“物”“神”“精神”等实体性或本质化的存在（者）即所谓“本体”，也不是相对于任何对象物的“主体”，而是作为“存在者之为存在者”“何以存在”“因/缘何存在”且“之所以如此存在”即使之具有如此这般规定性的依据和缘由——“存在”（过程本身）。或者说，“媒介（‘物’）”是世间万物（包括人、物件、器具、技术等各种存在者）“存在”之源。由此，“媒介”（存在）决定或规定着事物（存在）。“媒介”形式就是事物的“存在”方式。概而言之，“媒介”即“存在”，媒介论即存在论——“媒介存在论”。正是从这个意义上说，哲学转向了“媒介存在论”。从另一方面看，鉴于人类的一切学问在终极意义上终归为哲学，关于媒介的学问自然也终究转向哲学——媒介存在论。所谓“媒介存在论”，不是指针对或围绕媒介问题所作的存在论思考，而是指借助媒介概念进行的存在论思考。也就是说，“媒介存在论”首先是一种存在论——用媒介概念去回答“存在”本身的问题，而不是一般意义上的关于媒介的理论——“媒介理论”。作为“媒介存在论”的所谓“媒介哲学”，与其说是从哲学出发研究媒介，倒不如说是从媒介出发研究哲学，因而，“媒介哲学”不是关于媒介的哲学（Philosophy of Media），而是援引媒介的哲学。总之，未来的媒介哲学不是以媒介为研究本位的媒介的哲学（哲学媒介观），而是以哲学为研究本位的媒介哲学（媒介世界观）。

回过头来看，何为“思想”？这是本书一开篇要予以澄清的问题。思想不是知识，思想的最大特性或许是非科学性，它不可验证或证实，因而也就谈不上真假。从这个意义上讲，所有的思想都好比超越真假值的假说。其次，思想具有独特性和很强烈的个性（或私人性），它深受具体的社会历史文化情境所制约，因而不像知识那样公共地或跨时空地普遍适用于世，其时代性、地域性、民族性乃至于个人性都很鲜明。正因此，“思想”前面往往可以加上物主代词，而形成“古代思想”“（古）希腊思想”“中国的思想”“苏格拉底的思想"之类的说法。

还有,思想是流变的,同时又是难以进化和进步的——可谓"变中之不变"。人类的思想川流不息。一个个人、一代代人的思想浪花翻转不停。不过,人类的思想虽然从整体上表现为一种向前涌动的演进趋势,但在本质上又是循环往复或"轮回"的。对此,英国哲学家、"过程哲学"创始人怀特海有一个著名的论断:一部西方哲学(思想)史,不过是对柏拉图(思想)的一系列注释。也就是说,哲学思想要不断回到柏拉图那里去。这是因为:凡是值得思考的问题,没有不被人思考过的,我们所能做的不过是力图重新思考而已(歌德语)。或许,从古到今,我们人类始终在思考同样的几个问题乃至于同一个根本性的问题。因此,我们多数的思考都无非是照着前人的思路在重复思考即"照着思考",而非"接着思考"。无怪乎"后人一思考,前人就发笑"。由此可见,就思想(若非知识)而论,人类是否在进步或进化确实是可疑的。

接下来的问题是:何为"媒介思想"?简而言之,就是对媒介或关于媒介的思想。对媒介的思想有两种形态:一种是对媒介诉诸理性和逻辑的、离身(disembodied)的对象性反思,即站在媒介之外把媒介对象化地来经验、说明、解释(explain)媒介,媒介被"视"为一种实体性、中介性、工具性的存在(者)——一种在认识论视域下观照媒介的知识化的媒介思想;一种是对媒介诉诸感性/"悟性"和意象的、具身(embodied)的非对象性沉思/深思,即沉浸、嵌入到媒介之内体验、理解、阐释(interpret)媒介,媒介被"思"为非本质化的"存在"本身——一种在存在论视域下观照媒介的本源的媒介思想。本书所阐发的西方媒介思想是上述两种媒介思想形态的综合,其演变的前期倾向于知识化的媒介思想,后期则倾向于本源的媒介思想。

人是传播(交流、交往、沟通)的动物,社会是传播的社会,世界是传播的世界,传播不仅是人类基本的生存方式,同时也是人类社会和整个世界的存在方式。人类和世界的任何传播活动都离不开媒介，媒介是传播活动中的一个基本要素甚至“本源”性要素，因而，媒介自然地成为传播学思考和研究的基本议题。或许从这个维度上讲，一部人类传播思想史同时也是一部媒介思想史。不过，千百年来，在以内容（信息、意义/思想/观念/精神）为本位或中心的传播思想史中，媒介一直只是作为传播活动中介的被对象/客体化手段或工具而存在，而且，恰恰是因为媒介切近、本己于人而使其存在的自明性亦即透明性（用海德格尔的话说，处于如此切近而习焉不察的“上手性或上手状态”），人们对媒介反而是“无思”“无感”的，或其零散的媒介观念只是晦暗不明地隐藏在传播思想之内。由此，在人类思想史上，媒介思想史犹如一条暗河潜藏于传播思想史之下。

开掘媒介思想史这条暗河，让“媒介”（“存在”）重见天日而沐浴在哲学（存在论）的光照之下，从而揭示媒介的“存在”意涵，进而开创出一门新的学科——媒介哲学（媒介存在论）。这应该成为未来传播学者作为“哲学学者”的一项重要的学术使命。

当然，哲学（“形而上学”，meta-physics）是最具思想性的思想，它不是科学（“物理学”或“万‘有’之学”：On Beings），不追求对问题的终极答案即所谓“终极知识”（“绝对知识”，episteme），因为对这种完美主义解释的知识追求本身就是反思想的。“从问题到问题”——而且是越发边缘性的问题——才是哲学（思想）。问题是思想的生命，终止问题就是终止思想。“思”即“存在”。“思想”的永远问题化状态正是“存在”永不被遮蔽、生活永远有意义的必要条件。由此，不断地追问/追思“（媒介）物”之“存在”本身，方可抵达真理的居留处，从而进入诗意栖居的澄明之境。媒介乃“存在之历史”（Seinsgeschitchte），借助“媒介”的“存在”之“思”永远在路上……这就是世界（包含人类）的历史，无限敞开的！永恒的！

目　录

>>> CONTENTS

第一章　西方传统的媒介工具论思想

迄今为止，西方（甚至人类）的媒介思想基本上是以反媒介（有形或无形的中介、介质或中间物）的价值取向出现的，从而形成了一种反媒介的媒介观。这种媒介观的价值立场和价值取向（即媒介价值观）集中体现在对两种最基本的传播（交流）形态——对话（人际传播，抑或口语传播）与撒播（大众传播）——的取舍上，即取前者——对话而舍后者——撒播；因为前者因直接（im-mediacy，去中介）即没有外在媒介（中介）的介入而具有互通性（mutuality，对等互惠），后者则因新生媒介的介入（mediacy）而不具有互通性。正因此，在西方的人类传播历程中，处于交流（传播）之中且对交流（传播）予以反思的传播思想者们一直都普遍地表现为对所有媒介消失的向往和对新媒介出现的忧心忡忡，由此形成一种对交流"媒介"和"媒介"交流既渴望又担忧的"无奈"局面。[①]从历史上看，几乎可以说，一部西方媒介思想史就

---

① 美国媒介研究专家约翰·彼得斯（J.Peters）在《对空言说：传播的观念史》这部探讨西方传播观念演进历程的书中展现和揭示了人类"交流的失败与无奈"：一方面，人们渴望借助各种媒介突破身体局限、跨越时空距离而实现远距离离身交流；另一方面，人们又视无媒介（中介）的面对面即具身的心灵融合为理想的传播模式。

是一部反媒介的媒介思想史即反媒介思想史——实质上，是一部媒介工具（中介）论史。[①]

第一节 古代的反媒介思想

在古代，形而上学传统追寻理想的传播（交流）状态就是没有中介或尽可能少有中介，因为传播（交流）往往被纯粹地理解为精神交往及互动，因而，“要是没有中介，人与思想之间的即时互通会更加容易。”[②]然而，人类传播（交流）是离不开媒介（中介）的，因为，作为行动主体的人的思想观念、价值判断和意识形态等抽象内容必须借助媒介（中介）而以具象化的形式被对象化出来，方可进行传播而实现交流/交往、沟通。不过，自古以来，意义（内容）始终凸显，而旨在征服时空以传递信息、意义（内容）的媒介则自然变得透明而脱落不见（“不可听见、不可看见”[③]）；若因其中介功能运行不良而得以显现，则也显得无关紧要、微不足道，甚至被视为无用、无涉、令人烦恼而必须被克服

---

① 据约翰·彼得斯对“媒介”（medium）的词义考证，“媒介”在中世纪和现代社会的两次接续推力中，一步步走向工具化（视觉化）而丧失其原初的本体（主体）性、独立自在（自足）性、自在自为性（即以自身为目的）及其中心性、基础性地位。“媒介”一词一直就有“自然（元素）”（如水、火和空气等）、“环境”（如海洋、地球、天空等）之意，“媒介”乃人类赖以生存（存有）的基础、境况或人类栖居之所在——人之所以为人的依凭。在中世纪，媒介被视为远距离观看所不可缺失的中间环节；再后来到19世纪，媒介被视为传递人类信号/符号和意义的工具；最后到了20世纪，媒介（media）主要就指大众媒介手段——传送新闻、娱乐、广告和各种信息内容的人造渠道。参见彼得斯.奇云：媒介即存有［M］.邓建国，译.上海：复旦大学出版社，2020.

② 德布雷.媒介学宣言［M］.黄春柳，译.南京：南京大学出版社，2016：77.

③ 德国媒介研究者克莱默尔通过“媒介考古”发现：日常生活中我们可以听到铃发出响声，但无法看到声波的震动；我们阅读的不是文字而是故事。S. KRAEMER. Medium，Bote，Uebertragung：Kleine metaphysik der medialitaet［M］.Frankfurt：Suhrkamp，2008.

的障碍[1]。古代传播思想家反对媒介的价值立场态度表现得极为绝然和激烈。可以说，古代的媒介思想是一种纯然（绝对）反媒介的工具主义媒介思想。

一、苏格拉底的反媒介思想

在人类传播（思想）史上，面对层出不穷的新媒介通过各种方式力图使人可以不必亲身在场的发展进程，苏格拉底或许是最早对"传播（交流）"观念进行反思并对传播媒介（工具、手段）的变革（进化）感到焦虑的人。身处正在从一个行将消亡的口传（言说）文化转向新生的书写文化的希腊时代，[2]他首先担忧和焦虑于（当然也只限于）脱离身体的符号媒介——文字——的使用。他之所以拒绝文字，乃出于担忧人类受美文迷惑和书写技术的钳制——文字会引领灵魂误入歧途。这是因为，文字虽然模仿活生生的在场情景，但它并不本源、本真、地道、忠实和在场——缺乏身体（更准确地说，自然身体，即肉身或肉体）的在场，以至于使思想摆脱人体、从身体中剥离，使人的思考能力退化；恰恰是文字的介入，使人类传播从具身传播演变为离身传播，从而摧毁了拥有全息、即时、不可重复的话语主体在场的正宗对话。在苏格拉底看来，首先，文字没有人性，它不同于口语（orality，口声与人体

---

① 与西方交相辉映的是，中国古代的思想家亦表现出鲜明的反媒介的价值偏向，有所谓的"（落入）言荃""得意忘言"之说，如庄子明确地表达出重"意"（内容）轻"言/书"（媒介）的价值取向。

② 事实上，以言辞（rhetoric）为核心、以思"辩"性为特征的古希腊文化，似乎从未完全消除对书写的怀疑，书写被视为对言辞至高无上的地位的威胁。政治、法律和哲学上的见解都是通过面对面的对话和辩论来表达的。参见斯丹迪奇.从莎草纸到互联网：社交媒体2000年[M].林华，译.北京：中信出版集团，2015：27-28.

为一体，相统一的），非人自身所固有，因而缺乏内在（于人）性（interiority），个体使用者自然对它也缺乏亲切感。而且，文字自身也没有个性即无差别，也忽视交流对象的个性（或者说，它凌驾于使用者双方的个体性差异之上），从而不具有像语言（口语）一样的个性化表达。[①]其次，虽然文字使得传受双方不必亲身在场，但削弱了人的记忆力，是一种缺乏互动的任意撒播。[②]同时，通过书写记录而永久固定的智慧"是一种不分对象的滥交（传播）"[③]"文字只是话语无声的影子，无法记录它们的语音、呼吸和灵魂，词语会从它们被说出的语境中抽离"。即被抽离了主体在场而"脱域"后的文字媒介失去对话交流的鲜活场景感。[④]譬如在"谈"恋爱的过程中，相比于文字（书信）传递，言说（言"谈"）者附带着"语言"（口语）的身体到场应该更受重视。对此，后来的传播思想家约翰·彼得斯感慨："在一个非人化的、不忠实的媒介（文字）中，交流一方如何才能找到确凿的迹象以确保另一方的忠诚和在场。"[⑤] 正因此，苏格拉底不乏对文字的抱怨、贬低、指责和担忧——书写技术使得说话人和听话人可以不必亲身在场，使人无法即时回应和辩解，缺乏互动，从而扭曲了理想中的亲密对话，破坏了心与心之间爱欲的结合。同时，它是衰退的记忆形式，削弱人的记忆力，这同15世纪末人们对印刷术的担心，以及20世纪末人们对电脑的担心

---

① 彼得斯.对空言说：传播的观念史[M].邓建国，译.上海：上海译文出版社，2017：68-69.

② 彼得斯.对空言说：传播的观念史[M].邓建国，译.上海：上海译文出版社，2017：52-53.

③ 彼得斯.对空言说：传播的观念史[M].邓建国，译.上海：上海译文出版社，2017：209.

④ 普克纳.文字的力量：文学如何塑造人类、文明和世界历史[M].陈芳代，译.北京：中信出版集团，2019：120-121.

⑤ 彼得斯.对空言说：传播的观念史[M].邓建国，译.上海：上海译文出版社，2017：70.

都不无相似之处。①所以,苏格拉底及其信徒推崇言说、雄辩术和辩证法即所谓"真理的助产术"(口语传播),而将书写(文字传播)视为无灵魂参与的愚蠢行为。

在媒介价值观即对媒介的取舍上,一方面,苏格拉底摈弃文字,另一方面,他又因执守口语(话语)而钟情于肉身(body/flesh),提倡身体(肉身)媒介的亲身存在/在场——身体在交流中具有不可替代性。在他看来,面对面的交流才是交流的理想类型。这源于他对严格意义上"对话"的传播(交流)观念的恪守——真正的说话需要说话人及听话人的肉身在场。鉴于口语的原生性和日常性,身体便是我们遇到的最基础的、最本源的媒介。在面对面的亲身传播——一种最原初纯粹的具身传播——占主导地位的古代口语传播时代,苏格拉底勾勒出的理想的交流状态是:亲身在场的心灵融合。也就是说,不仅两个交流者的灵魂互相缠绕、对等互惠,②而且,(既然)交流必须发生于灵魂(心灵,soul)与灵魂(心灵)之间,"一对一"交流双方必须同时在场,在亲密的互动中进行。③这是因为,所谓的"交流"不仅是"心灵间的匹配",更是"欲望间的配对(coupling of desires)"。基于此,在交流中,身体作为媒介是被允许的,而且还是受欢迎的。在理想的交流状态中,不止于或不局限于交流者两个灵魂的相互缠绕即心灵间的交融(communion)——所谓"将心比心""心领神会",还包括肉体的融合,达到合一(完整性,wholeness)——与"爱人"(亦即"美人",仅指美男)如影随

---

① O.J.WALTER.Orality and Literacy:The Technologizing of the Word[M].London:Routledge,1982:79-81.转引自彼得斯.对空言说:传播的观念史[M].邓建国,译.上海:上海译文出版社,2017:52-53.

② 彼得斯.对空言说:传播的观念史[M].邓建国,译.上海:上海译文出版社,2017:62.

③ 彼得斯.对空言说:传播的观念史[M].邓建国,译.上海:上海译文出版社,2017:69.

形。确实,在实际的交流活动中,譬如,在恋爱中,两个肉体(心上人)渴望同时且时时在场,鄙弃横亘在双方之间的一切中介物(如文字、器物等)。在苏格拉底看来,一切新媒介(如文字、物质技术等)不仅影响信息/思想交换渠道,还可能替代和取消人体本身的存在。他为保护身体媒介的完整性而摈弃了其他所有的新媒介。

二、柏拉图的反媒介思想

在人类传播史上,柏拉图似乎是第一个全面而彻底地反对媒介/技术的人。他为了全方位呵护灵魂,对技术、对一切交流的中间物即媒介形态包括符号媒介(语言/文字)、地理媒介(空间)、物理媒介(物质技术手段)和生理媒介(身体)似乎都很"敏感"(反感),认为这些媒介(尤其是技术中介物即有形的介质)都是个体直抵真理(理念)或真理(理念)传输到个体的障碍和干扰,因而都是交流的"背叛者""破坏者"。他所憧憬的理想的传播(交流)境界是心心直通,即"心灵与心灵直接交流"①。

首先,如同苏格拉底,柏拉图也是反对文字的。柏拉图忧虑于书写文化不仅远离灵魂,而且对灵魂最为有害,因为文字是真理的外观与幻象,文字模仿口语,口语模仿灵魂(或真理、灵知)——是影子之影子、幻象之幻象、虚拟之虚拟。"每一位正直慎重的人在处理重要事务

① 柏拉图的这一"心心直通"的传播(交流)观深刻地影响了后来西方传播思想史上长期存在的招魂术(spiritism / spiritualism)倾向,即梦想着两个远距离的灵魂能够像天使一样实现非符号、非物质、非肉身、非空间接触。

的时候,都绝不会把它们形诸文字,以防引起不满和误解。”[①]因为相对来说,语言(speech,言语、口语、语音)是人自身所拥有的,文字只是语言的记录或声音的“印迹”、替补和派生物,而这一语言的替代物却可以被无限“拷贝”(copy)和分享。然而,若缺乏口语的解释,文字便失去了灵魂,也失去了个性。面对文字这一新媒介,柏拉图对其“繁殖能力”(multiplication)忧心忡忡。[②]正因为语言或口语具有相对于文字在本体论上的优先性,诉诸语言或口语(而非文字)的交流形式才更重要。这就不难理解,古希腊思想家的著作普遍采用对话(对谈)形式,因为对话(discourse,交谈、话语)相对于文字更能揭示不同人之间所可能具有的沟通性和语“言”本身会流动的本质性。显然,在言说/话语与书写/文本之间,柏拉图更看重言说/话语,因为言说/话语更具有表达(意义)的本质性(逻各斯)、本源性、本真性、在场性或现场感。这是因为,相比于文字,言说/话语在表达活动中更能让所要表达的意义直接出现,更能让听者直接把握它的意义。反之,与言说/话语相比,文字是表现的再表现,属于间接的东西,其意义无法直接出现并被直接把握。用柏拉图的学生亚里士多德的话来说,就是因为“说出的话语是象征思维过程的符号,而书写的字词则是象征话语的符号”[③]。或者引用解构主义者德里达的话来说,就是因为,“言语与存在/意义绝对贴近”“言语最接近所指(意义——引者注)”[④]。由苏格拉底和柏

① 斯丹迪奇.从莎草纸到互联网:社交媒体 2000 年[M].林华,译.北京:中信出版集团,2015:29.

② 彼得斯.对空言说:传播的观念史[M].邓建国,译.上海:上海译文出版社,2017:54.

③ 换言之,“言语是心境的符号,文字是言语的符号”。参见斯丹迪奇.从莎草纸到互联网:社交媒体 2000 年[M].林华,译.北京:中信出版集团,2015:29.

④ 德里达.论文字学[M].汪家堂,译.上海:上海译文出版社,1999:14-15.

拉图开启了“口头语言(声音语言)先于且优于书面语言”“语言/语音/言语先于且优于文字/词语”“(褒)扬语言/语音而(贬)抑文字”即“重语轻文”“语音优先”的“语音(逻各斯)中心主义”(phono[logos]-centrism)语言观(媒介价值观)。①

其次,比苏格拉底更为彻底的是,柏拉图不仅鄙弃文字,连语言(口语、言语)也是反对和摒弃的。他不屑甚至极度反感智者派即所谓“智辩士”(sophists)在为辩论而辩论中的语艺/修辞(rhetoric)——言辞技巧,斥之为没有灵魂、真理或实质内容而徒具风格形式和技巧的“花言巧语”“巧舌如簧”“巧言令色”,所做的只不过是“逞口舌之快”。为此,他反对一切符号媒介(无论是语言还是文字)。

此外,柏拉图也反对技术媒介。他认为所有的技术(物质性的工具、手段)都外在于人——而且,相比于语言符号更外在于人,都是会侵犯个体自足性的事物。正因此,柏拉图的“理想国”推崇统治术,贬抑手工艺,因为在这两种基本的技艺(techne)中,作为非工具性技艺活动的统治术因自具内在性原则、根据(旨在行动本身的自我完善和

① 在后现代主义(解构主义)者德里达看来,欧洲思想史的根基可以追溯至以“语音(逻各斯)中心主义”为基础的“在场形而上学”。这种“语音(逻各斯)中心主义”的媒介价值观一直延续到现当代,长久地支持和造就了西方以意义(逻辑、含义、思想、真理、灵知、概念、理念、道理、理性或内在规定性即内在本质/原则、“内在根据”)为中心的意义本位论(意义中心论、意义中心主义),即“意义(含义、思想、真理、概念或理念)在场的形而上学”(metaphysics of presence)文化,成为西方形而上学的“支撑点”。意义本位论或“意义在场的形而上学”预设意义是宇宙中最本源也最实在的存在。意义是“先验”(超越而又不脱离经验世界)的、“先在”(先于语言符号及口语辩论而存在)的,而且是“永在”(永恒存在或“在场”)的。因而,意义具有绝对的主体性、独立自在(自足)性和自在自为性。相比于文字,语言(口语、语音)更能意指、表达且更能锚定、固化意义(真理)的存在(在场)。不过,无论是苏格拉底还是柏拉图,都认定动用语言(口语)展开辩论并不能“发明”即生产和决定意义(真理),而只是“发现”即引导、揭示意义(真理)——此谓苏格拉底称为“真理助产术”的“辩证法”。柏拉图甚至认为,(口头)辩论连“发现”“引导”“揭示”意义(真理)都做不到。

圆满)而只需诉诸思想观念和精神("理念"),而作为工具性技艺活动的手工艺因不具有内在性(旨在制造出一个不同于制造活动的对象)而必得外倚于物质性工具(技术)。可见,柏拉图是重"道"("理")轻"器"("技")的。①

还有,不同于苏格拉底,柏拉图反对身体媒介。②柏拉图因不执守口语(话语)而放弃了言说者身体的在场——"具象/具身化的在场"即"具身性"(embodiment),进而从根本上鄙弃肉体。③柏拉图认为,身体是灵魂或者意识的一个不名誉的对立面,对于知识、智慧、真理来说都是一个不可信赖的因素,是通达精神的一个令人烦恼的障碍。因为"带着肉体去探索任何事物,灵魂显然是要上当的"④。正因此,死亡是一件令人庆幸的事,因为死亡就意味着身体的消失,这样,灵魂就摆脱了身体而独自存在,并变得轻松自如。⑤柏拉图因此而成为"否定性身体观"的始作俑者。对身体的敌意集中体现在柏拉图的爱情(价值)观中。柏拉图推崇纯粹/纯洁的精神之恋(被称为"柏拉图式的恋爱")。这种追求心灵沟通的爱情只涉及心理(精神)层面,而无涉于

---

① 柏拉图这一反技术媒介介入的媒介观直接影响了他的学生亚里士多德的媒介技术观。亚里士多德反对一切用于制作或制造(making,poiesis)即物质生产的(物理)技术媒介,他认为:作为身体延伸的媒介技术,拓展视野的任何工具都不如一双好眼睛可靠。

② 在西方,自古希腊以来,身体一直遇到贬抑,对身体的反对源于重理性思维(源于心灵)而轻感性认识(发端于肉体)的认识取向:"感觉是不可靠的,只有思想是万能的"(色诺芬尼)、"眼睛和耳朵对于人们是坏的见证"(赫拉克利特)、"真理之路"要通过理性思维去通达,而"意见之路"则是通过"茫然的眼睛、轰鸣的耳朵或舌头为准绳"来通达(巴门尼德)。参见北京大学哲学系.古希腊罗马哲学[M].北京:商务印书馆,1961:130,29,50.

③ 否弃身体是同否弃口语(语音)相关联、相一致的。因为每一个语音背后都有一个带着目的、赋予它意义的身体存在。正因此,解构主义者德里达在反对"语音在场的形而上学"的同时也向"身体在场的形而上学"宣战。参见彼得斯.对空言说:传播的观念史[M].邓建国,译.上海:上海译文出版社,2017:387.

④ 柏拉图.斐多[M].杨绛,译.沈阳:辽宁人民出版社,2000:15.

⑤ 柏拉图.斐多[M].杨绛,译.沈阳:辽宁人民出版社,2000:13.

物理(物质、技术)、生理(肉身)层面和地理(空间)层面,甚至也无关乎伦理层面(道德或法律)——因为无须身体在场。也就是说,它既脱离了生理(生物)媒介,即摆脱了肉欲的羁绊,又不依赖于物理(物质)媒介和地理(空间)媒介,即没有落实到现实的物质生活世界中。总之,柏拉图的传播(交流、沟通)观摈弃语言符号、空间、物质技术和身体等一切中介性要素,实现心灵(mind)或灵魂的相通和共享(所谓"心有灵犀""心心相印""共鸣"),从而达到思想或精神(spirit)的交融,成为互不触摸的精神或灵魂恋人、伴侣(soul mate)。

柏拉图对身体(媒介)的反对开启了西方"离身"(脱离身体)传播研究传统,即仅仅将传播看作无关乎身体的、精神间的互动交往和意识上的对接,甚至将身体视为传播必须克服的障碍。

最后,如前所述,柏拉图是反对空间媒介的。柏拉图在鄙弃肉体的同时也鄙弃肉体所处的地理空间。脱离物理时空的柏拉图式精神恋爱所昭示的是:空间距离恐怕是生存空间极其有限而又彼此隔绝的古人最大的忧惧,无法跨越的地理空间(或距离)会阻隔人与人之间的身体接触(相遇、相识)和心灵相通(相知、相爱)。由此,地理空间(或距离)或许自古以来就成为人们普遍地所要克服的最大的对象,或者说最大的敌人。[①]殊不知,若要克服地理(空间)媒介,就得使用其他更多的媒介(如语言符号、物质技术等)来实现。

"理念论"持有者柏拉图是人类思想史上第一位也是最典型的一位精神(至上)主义(精神本体论)即唯心论或观念论者。正是他的扬

① 当然,在不同的文化语境内,人们对跨越空间距离的无奈会以不同的方式来处理、对待,譬如,在古代中国,人们会用文学修辞来诗意地化解这种无奈。如唐代大诗人王勃在送别友人时所感慨的:"海内存知己,天涯若比邻。无为在歧路,儿女共沾巾。"

精神抑物质的思想立场成就了他作为人类传播思想史上第一个也是最具代表性的反媒介者。他之所以坚定地反媒介，是因为在他看来，一切媒介都是物质性的——符号媒介是物质性的，因为语言/文字即语词是“肉身化”的，它们具有声音、形状等物质因素；地理媒介是物质性的，因为空间是物理意义上的空间；物理媒介当然是物质性的，因为技术本来就是物质性的工具即物质手段；至于生理媒介同样是物质性的，因为身体是肉身，而且身体总是与技术联系在一起，被称为“身体技术”即身体的工具性技艺（“使用身体的各种方式”）。[①]

自柏拉图之后，媒介一直处于隐而不彰乃至于缺失的状态。譬如，亚里士多德虽然提出光、气、水、火等实体性自然元素作为人们感觉外在世界的“媒介”，[②]同时也提出身体是灵魂实现其对外界的认知功能的起点和中介，[③]但他指明：灵魂乃有生命躯体的原因和本原，[④]从而否定了作为媒介的身体的独立性价值。鉴于媒介本身的“不明显”和“透明性”（相对于被中介的事物之有而显现为“无”），由亚里士多德所开启的“形而上学”（本体论）“无论是物质的还是技术的，从其开始就一直与媒介是敌对的……忽略了是哪些媒介在支持着他们的实践”，“绝不可能去考虑作为媒介的媒介”[⑤]。

---

① 莫斯.社会学与人类学[M].畲碧平，译.上海：上海译文出版社，2003：301.

② 亚里士多德.亚里士多德全集[M].苗力田，等译.中国人民大学出版社，2016：52，55，60.

③ 王学成.中介的隐匿与发现：亚里士多德媒介思想发微[J].国际新闻界，2022(4)：136.

④ 亚里士多德.亚里士多德全集（第三卷）[M].苗力田，译.北京：中国人民大学出版社，1992：39.

⑤ 基特勒.走向媒介本体论[J].胡菊兰，译.江西社会科学，2010(4)：249.

第二节　中世纪的反媒介思想

中世纪直接沿袭了柏拉图的反媒介观——两个灵魂之间的非符号性、非物质性、非肉身性亦非空间性直接接触，形成了柏拉图的反媒介观在中世纪的思想效应。

一、天使说的反媒介思想

奥古斯丁、阿奎那等宗教神学家创立了论证超越物理时空之天使般交流的“天使学”(anglology)，给“内心共享”(shared interiors)即“灵魂间的对话”或“天使交流”这一乌托邦式的交流梦想奠定了思想基础。天使绕开语言，摆脱肉体羁绊，只靠内在意义而自由交流。“天使”给人们提供了一个“应然”的交流模式，这种天使般的交流没有符号中介，也没有技术中间物，它既不受距离的阻碍，也不受肉体的羁绊。也就是说，它摈弃一切符号(语言文字)、地理(空间距离)、物理(物体)或生理(身体)等方面的媒介实现心灵间“远程作用”(培根所谓的“非物质效力的传递”)。因而，这是一种既无语言文字承载(超符号媒介)，又无空间距离跨越(超地理媒介)；既无物质技术沟通(超物理媒介)，又无身体接触或在场(超生理媒介)——超越一切媒介——的交流。其中，对语言即符号媒介和肉体即生理媒介的超越是最根本的。“天使说”遵循“语言不重要”“肉体不重要”原则，执守无形无相的“交流梦想”①。其所梦想的心心相通的天使般交流一直是完美交流的象征即交流的理想类型，是一种克服和消弭所有媒介的阻碍后直接相互对话(沟通)的模式。显然，“天使说”是反媒介的，所持的是一种反媒介的媒介思想。“天使说”后来再现于近现代兴盛起来的泛灵论(animism，泛心论)、招魂术(spiritualism，绕开语言符号和人的肢体，直接通达灵魂)和传心术(telepathy，远距离心灵感应，即不通过感觉通路而发生的人际间心理活动的交流)中，它持续地表达出超越或摆脱一切媒介尤其是对具体身体形式即具身性媒介漠不关心的反媒介思想。

二、奥古斯丁的反媒介思想

在中世纪，奥古斯丁是明确捍卫“灵魂间的对话”这一古典交流观念的代表性人物。奥古斯丁将交流的符号视为人的肉身，但求摈弃这种符号性的生物中介，实现心灵间的直接交流——“天使般的交流”。奥古斯丁提出，像天使一样摆脱语词和肉体而交流，是人类的合理愿望。正是在对人类向天使学习而实现“灵魂间对话”的阐释中，奥古斯丁提出了反媒介的媒介观。他主要提出了工具主义的符号媒介思想。他把语言符号仅仅当作盛载思想内容的被动的容器或载体，当作表达每个个体内心所独有的感觉经验和思想意义的工具(“代理”，proxies/agents)。它指向并说明先于自身就业已存在的东西(意义)。“语言和符号仅仅是我们内在生活的粗糙外在载体。语词最多也就是因约

① 彼得斯.对空言说：传播的观念史[M].邓建国，译.上海：上海译文出版社，2017：108-109.

定俗成而存在;它们‘指示’存在于人脑中的意义,也‘指示’外在世界中的客体。我们在表达自己思想的时候,将自己内心私密的东西托付给公共符号这样的‘代理’”[1]。而且,对于这一“代理”是否真能传递或代表主人(被代理者)的思想“原意”,奥古斯丁并未给出肯定的回答。因为在奥古斯丁看来,“语词仅有充足的效能去提醒我们,以便我们看见其所指的事物,但是语词并不能向我们展示事物,以便让我们对其有所了解”[2]。也就是说,语词仅仅充当一个提示物质内容的卡片或指示精神内容的教鞭,因为语词的意义既不存在于语词自身内部(索绪尔),也不存在于其使用中(维特根斯坦),而是独立自在(自足)的、先在的,它先于语词而永恒存在(“在场”)(于事物中或人心中)——这就是“(意义)在场的形而上学”。换言之,语词自身没有意义,意义是被人赋予的。正因此,从根本上说,语词自身并不能引导和揭示意义,意义是“通过上帝让各种事物的意义在人的灵魂里自行显示”的。由此,意义得以在两个心灵之间直接交流。也正因此,若我们通过语词与他人交流时,他人得到的仅仅是这些意义的“代理”,而意义本身被堵塞或相互碰撞于符号交通的十字路口;若要避免意义的堵塞和碰撞,就得径直穿越这个符号交通路口。

总而言之,在奥古斯丁看来,媒介(media)即手段(means)。[3]交流要发生,既需要媒介又不需要媒介,因为媒介既能促进交流,又会阻碍交流。他所谓的“媒介”是广义上的,不只是语言符号,也包括身体、技术等。媒介既是实现某种目的的手段,又是传递某种信息、传送某种

① 彼得斯.对空言说:传播的观念史[M].邓建国,译.上海:上海译文出版社,2017:91.
② 彼得斯.对空言说:传播的观念史[M].邓建国,译.上海:上海译文出版社,2017:99.
③ “手段”与“媒介”这两个意思在拉丁语中由同一个词(medius)表达。

东西的工具。譬如,符号是思想(精神)的容器,符号媒介的作用在于传达精神内容;只要符号媒介不篡改精神内容,它作为一种辅助性的指称工具就是合理的。可以得“意”忘“言”,一旦借助语言符号获得真正的含义(意义),就应该踢开这个辅助性的“梯子”或脱去这个物质性的外壳——所谓“得意忘形(象)”。在此,他用“道成肉身”(incarnation)来解释语言符号的作用。语词分为“肉体”(物质性的声音或字形)和“灵魂”(“道”,即意义、思想、观念或精神)两部分,我们内心的思想/精神要以语音为住所,转化为语音才能够让他人听到,由此,“具象化的在场”(语词即语音或语形)成为交流的手段。但是,手段(媒介形式)是外在于内容(意义)的,作为内容的意义或思想变成可以为人所理解的(媒介)形式之后,并不会失去自身的意义,其性质和内涵在新的媒介或载体中始终保持不变。也就是说,作为两个人内在思想的交流,其内容不受各自物质表现形式的干扰。概而言之,“道”(意义或思想)变成“肉身”(媒介符号),这一(媒介)形式上的变化并不影响内容(“道”)的性质,因为,作为“具象化的在场”的媒介“不过是展示(意义内容——引者加)的权宜手段,并不具备本体上的重要意义(内容才是本体——引者注)”①。

第三节　近现代的反媒介思想

自柏拉图开始,一直延续到近现代,人们总是幻想着一种独立或

① 彼得斯.对空言说:传播的观念史[M].邓建国,译.上海:上海译文出版社,2017:101.

超越、脱离于符号、技术、身体和空间等诸多媒介（形式）之外的纯粹文化——纯（思想）内容的文化。这种以内容为本位的文化同时也是一种反媒介（形式）的文化，因为在这种内容本位的文化中，文化是自洽、自足的，而媒介形式则是隶属于人类意志的外在物，只是充当了承载、传输或表达内容（信息、意义、思想、精神）的工具或手段而已："媒介被当作中性的传送系统，主要关注媒介注入受众的内容，这些内容如何影响受众的态度和行为（却忽略了媒介是构成社会变化的重要因素）。"[①]内容本位的近现代西方文化折射出一种去媒介（形式）的反媒介思想。

近现代反媒介的媒介思想是对古代反媒介思想的一种自然延续。但是，相比于古代，近现代主流传播思想对媒介的态度表现得要温和一些，因为这些传播思想对媒介的反动是建立在承认媒介的基础之上，即承认媒介作为传播必不可缺的工具的工具性存在。

一、招魂术传统中的反媒介思想

一切交流，无论是面对面的还是远距离的，都成了一个"媒介化"（"中介化"，mediation）问题。对此，近现代人往往表达出对媒介的哀怨：要是那些表意的媒介（如语言）能够完全消失，要是我们能像天使那样有透明的肢体和透明的思想，那该多好（然而可惜的是，媒介不可能消失，我们也不可能变成天使）。[②]这一偏向浪漫的传播（交流）思想

---

① 梅罗维兹.消失的地域：电子媒介对社会行为的影响[M].肖志军，译.北京：清华大学出版社，2002：12-13.

② 彼得斯.对空言说：传播的观念史[M].邓建国，译.上海：上海译文出版社，2017：91.

长期而深刻地影响和支配了近现代西方的媒介观念，它集中体现在最终成型于19世纪那种信仰人可以通达、沟通"彼岸"（亡灵或幽灵世界，spirit）的招魂术传统中。招魂术传统持有这样一个核心观点：交流是灵魂间的"非物质性接触或对接"，即认为，"最好的交流是那些能超越肢体和语言，偏向更加空灵的思想转移的交流"①。基于这一超越语言符号和肉身等媒介的交流理想，招魂术传统认为，交流的任务就是要克服包括身体在内的各种媒介的障碍，超越或绕开"符号—肢体"（sign-bodies）——虽然有时不得不诉诸灵媒（medium），直接获得纯粹的"意义—心灵"（meaning-minds）。由此，人与人——无论是生者与生者，还是生者与死者——之间的对话、谈话必须有内心的交汇即思想内容（意义）的交流，否则毫无意义（犹如鸟兽之间简单地互整羽毛和拍打）。实际上，精神内容也应该能从一个心灵直接倒入另一个心灵——两个心灵之间达成一致。之所以如此，乃因为语言符号和肉体仅仅是思想或精神的容器，这些媒介（语言符号和肉体）是外在于意义（思想或精神）的，因而，外在的媒介可以与意义相分割，也就是说，形式不必与内容在一起，而是可以被否弃。

二、洛克的反媒介思想

在近现代，洛克是符号媒介批判的代表性人物。他贬抑语言符号的媒介观主要是通过对语言符号、意义与人三者关系的理解来体现的。

---

① 彼得斯．对空言说：传播的观念史［M］．邓建国，译．上海：上海译文出版社，2017：92．

首先是意义（观念、思想、知识）与人（个体）的关系。如同最典型的现代主体哲学论者笛卡尔所认为的，“我”拥有（思想）观念。洛克认为，人是意义（或思想）的产制者和塑造者，人在意义的生产中具有绝对的自主性。“意义”是内在于人的（虽然不是内生的），是作为个体的人的“私人财产”。就个体的人所使用的语词来说，语词的意义不是“来自它们在整个符号系统中的相对位置”（索绪尔的观点），也不是“来自其所指之物，而是来自使用该语词的个体的心灵中的观念”①。由此，他将意义当作存在于个体心灵中的某种私有物，封闭在个体的内心世界里（如同没有窗口的“单子”，monads）。也就是说，人是意义的主人（lord），是意义的持有者。当然，意义也不是人的心灵内生的，它来自个体对外界的个性化的感官体验（所有的知识都建立在这种感官体验上）。因而，个体自己所获得的意义就只有自己能理解，而难以在不同个体之间即人际间相互理解和共享。正因为作为个体的人是意义的主人，人与人之间的（意义）“交流”才变得难以进行。

其次，语言符号与意义（观念、思想、知识）的关系。洛克认为，语词只是意义的容器，作为能指（signifier）的语言符号并不是作为所指（signified）的语言符号的意义的主人，因为语言不是意义之源，语言的意义并不是来自语言本身（即语词彼此间的符号关系）。相反，意义具有相对于语言的先在[独立自在（自足）]性，不受后者变化的影响，因为在理想的情形下，思想（意义）本身不应该受到表达思想（意义）的语言的影响。而语言（如同“肉身”、货币）只不过是意义（如同“道”、黄金）的外在表现即“可感符号”而已。

---

① 洛克：《人类理解论》，第3.2.2节。转引自彼得斯.对空言说：传播的观念史[M].邓建国，译.上海：上海译文出版社，2017：122.

最后,语言符号与人(个体)的关系。洛克认为,语言不仅不是语言的意义的主人,而且语言自身还是以个体的人为主人,即所谓“个体是能指之主人”(the lord of the signifier)——个体的人才是语言及其意义即能指与所指的共同主人。语言并非先于人而独立存在,而是需要每个个体自己去发明,如同人发明技术工具。人之所以要发明语言符号,就是为了交流,用以代表、表达自己的意义(思想、观念),以便让别人“看见”。因为“虽然人有各种思想……然而这些东西全部在他的心里,别人看不见,这些思想也无法主动让自己为人所见……有鉴于此,人必须找到某些外在的可感符号,凭借这些符号,那些由看不见的观念所构成的思想,也许才能被他人所知”①。但是,由于语词是“自愿性的符号”,每个人都有给符号立法的权利,即可以自由地“让词语按照他喜欢的方式代表任何他想要其代表的任何意义……在使用某语词的时候,任何人都没有权力让别人在使用同一语词时,能在他们的心中与在他自己心中那样激发相同的观念”②。也就是说,没法保证语词在听者的心中唤起的观念与说话人附加、赋予、置入其中的观念完全相同——意义在编码与解码的过程中保持同一、一致性。

在洛克看来,每个个体都沦为被禁锢在各自的符号—意义编码/解码规则中的“单子”,体现为作为个体的人的绝对自由:个人可以自由地生产意义并发明语言,自由地赋予语言意义,形成“私人语言”——(外部)语言与(内部)意义之间的联系是人为、任意的,而非自然生成的,当然它也可以由不同个体之间基于合意而共同缔结一种

① 洛克:《人类理解论》,第3.2.1节。转引自彼得斯.对空言说:传播的观念史[M].邓建国,译.上海:上海译文出版社,2017:121-122.

② 洛克:《人类理解论》,第3.3.8节。转引自彼得斯.对空言说:传播的观念史[M].邓建国,译.上海:上海译文出版社,2017:123.

社会契约而建立。由此,沉湎于视语言/语词为工具、手段的个人主义唯我论幻想(solipsistic fantasy)的洛克只能得出"(意义、思想或观念)交流的失败"的结论——旨在用于个体间相互坦露观念的语言/语词并不能传达思想。

概而言之,洛克的语言观代表了近现代人本(位)主义(人类中心主义)的语言观即语言工具论。近现代反媒介的媒介思想集中体现为以语言工具论为典型的媒介工具论。

三、传心术及其他反媒介思想

在近现代的思想家中,就对媒介的理解而言,洛克并不是一名典型的浪漫主义者。大多数自觉或不自觉地论及媒介的"媒介思想家"(或传播思想家)都是浪漫主义者,他们怀有一种最理想的交流观("交流范式"),一般都对心灵(灵魂)相互融合的渴求极其强烈,希望能像天使那样交流或与亡灵展开对话。也就是说,他们所憧憬和怀抱的这种"交流范式"是超物理媒介(物质技术)——不借助任何技术设备或机器即无物理接触、超生理媒介(肉身)——不借助任何感官渠道即无身体接触、超地理媒介(空间)——超越时空距离,以及超(语言)符号媒介(semiotic mediation)的"无媒介交流""直接的思想交流""精神交往"或"沟通"。这就是表征"远距离传输精神"(telepathy)、灵魂间的非物质性接触、"摆脱肉体而交流(思想)""去身体化或离身性"(de-embodiment)传播的所谓"传心术"——一种纯粹精神性的、不受地理、物理、生理或语言符号阻碍的心灵沟通方式。传心术的终极状态就是浪漫主义/超验主义(transcendentalism)者、美国作家/诗人爱默生(Emerson)所提示的“超灵”(over-soul)境界,即超越一切媒介,让所有的单个灵魂都参与到宇宙间的同一种精神本质或同一种生命力量中。①正是基于对“无媒介交流”/“天使交流”的憧憬,凭借看不见的物质连接就能实现人与人之间的瞬间接通、不用电线就能实现远距离感应的无线电(wireless)媒介一度成为最受人们追捧的媒介:“传心术是上天赋予我们人类智能的礼物,而无线电报(wireless telegraphy)是上天赋予我们人类智力最接近传心术的手段。”②之所以说是“接近”,是因为不像传心术涉及直接的思想交流,无线电报传送的还只是被收到后有待被转译出来的无线电信号(符号),而并不是思想本身。也就是说,无线电传播并非真正意义上的“无媒介交流”——它还是有符号媒介介入的(即便摆脱了身体媒介甚至技术媒介、空间媒介)。这同时也意味着:人类交流过程是没法超越和克服符号媒介的。

19 世纪以来爆发的“压缩时间”(time-binding)和“压缩空间”(space-binding)的媒介革命带来了用于“征服死亡”的时间压缩型、记录性(recording)媒介(如照相机、留声机或电影)和用于“征服距离”的空间压缩型、传输性(transmission)媒介(如电报/传真、电话、广播和电视)等新媒介。③这些新兴的复制性媒介(包括后来兴起的互联网)确实大大超越、压缩甚至消除了时间、空间的距离或差别,还可以模拟或复制人体,从而超越人肉身的有限性和局限性,做到“隔空现身/显身”或缺席而又在场的远距离无身体接触——“(跨时空)离身交流”,非常吻合于传心术所代表的交流传统:通过无须肉体介入或“在场”

---

① 彼得斯.对空言说:传播的观念史[M].邓建国,译.上海:上海译文出版社,2017:136.

② J.TROWBRIDGE.Wireless Telegraphy[J].Popular Science Monthly,1899(5):80.转引自彼得斯.对空言说:传播的观念史[M].邓建国,译.上海:上海译文出版社,2017:153.

③ 彼得斯.对空言说:传播的观念史[M].邓建国,译.上海:上海译文出版社,2017:201-209.

（“具身”）的“精神流”的共享而实现彼此接触。但是，一切媒介化的交流——尤其是凭借电子新媒介的交流——都是与“不在场者”的交流。这些号称能使人们更加接近、亲近的新媒介实际上只能使人们之间的交流更难以实现——这就是人类交流的无奈或悖论（服务于人类交流的媒介恰恰制造了人类交流的障碍，而且，用于人类交流的媒介越发达，就越能复活“人”，越会致使身体不在场，人类的交流就越难以实现）。这是因为这些新媒介制造和储存的是“生者的幻象”或“虚拟人”，让人们去做和那些不在场者（死者或远方的人）进行精神上对话交流的无效努力[①]——因为肉身是不可超越、不可化约的，身体在场是跨越交流鸿沟的前提。在身体的缺席即不亲身到场、不面对面的状态下，人际间是没法进行真正的对话和交流的；没有身体的亲身接触，一方也没法知道和确证自己已经与对方建立起了真实的联系。由此可见，新媒介的发明不仅没有实现“传心”或“天使交流”的梦想，而且还把“交流的可能性”问题愈加尖锐地提出来了。有鉴于此，这些物质技术新媒介就很自然地成为被反对、批判和摈弃的对象。

相比于传心术，一般而论，现实主义亦即唯物主义者马克思的媒介立场似乎是积极的，譬如，他视作为社会生产媒介的生产工具为社会发展进步的最根本标志而对之大加褒扬。但与此同时，马克思并非中立地来看待包括生产工具在内的技术媒介，而是认为这些技术媒介具有社会性、阶级性，因而对之持消极的态度。其消极的反媒介观集中体现在他的异化理论上。他认为：在现代资本主义社会，人（工人阶级或者说无产阶级）的异化主要表现为人（劳动者）与物（作为交往媒

---

① 彼得斯.对空言说：传播的观念史[M].邓建国，译.上海：上海译文出版社，2017：209.

介的劳动工具和劳动产品)之间手段与目的之关系的颠倒。也就是说,本应是以自身为目的、作为主体的劳动者沦为被自己所使用的劳动工具和所生产的劳动产品所操控的“奴隶”而丧失了主体性、独立自在(自足)性和自在自为性。相反,原本是工具或手段、作为客体(对象)的劳动工具和劳动产品僭越成为奴役劳动者的主宰而获得了某种主体性、独立自在(自足)性和自在自为性。在马克思看来,现代资本主义社会里人的异化还表现在货币拜物教上。作为一种交换媒介,货币具有巨大的信息撒播能力。而作为一种最普通的等价物,货币垄断了对抽象价值的存储。无论是对交往媒介还是交换媒介,马克思都深表痛恨,提出了尖锐的批判。马克思所向往的是人类进入一个因商品和货币等媒介消亡而消除人的异化的“自由人的联合体”——共产主义社会。

第四节　西方传统媒介工具论思想的意义本位论根源

从古代到现代,无论是对话交流(人际传播)观,还是撒播交流(大众传播)观,对媒介的认知和态度都具有双重性,即:既把媒介当作交流(传播)的中介而不得不依赖,同时又把它视为交流(传播)的障碍而力求摆脱。虽然如此,但作为人类最理想的交流(传播)方式——“天使交流”,其所蕴含的交流(传播)观对一切媒介形态——无论是地理(空间)的、物理(物质技术)的、生理(身体)的,还是语言或非语言符号——都是予以否定(克服和超越)的。应该说,正是对媒介的这种近乎无条件的反对,才导致了交流(传播)的“失败”“无奈”——不可交流性即天使般的“无媒介交流”永无可能。因而,对媒介的反对带来了一个交流(传播)的“悖论”——无媒介的交流是最理想的交流,而无媒介的交流又是没法实现的交流。这一切都表明,所有的媒介都是不可超越和不可化约的,它们恰恰是交流(传播)得以实现的先决条件。

一、意义本位论的基本内涵及其本体论基础

西方传统上所有反媒介思想的实质都是媒介工具论或工具主义的媒介观,即仅仅把媒介当作传播(交流)的工具来看待,被客体化、对象化为工具或手段,因而,媒介缺乏主体性,同时也缺乏独立自在(自足)性和自在自为性。而这种媒介工具论则建立在一种根本性的方法论基础即意义本位论(意义中心主义、意义中心论)之上。从方法论上讲,意义本位论就是长期支配西方文化的所谓“以灵魂为准绳”的逻各斯(理性)中心主义传统的。意义本位论预设意义是先在的,先于一切意义的载体而存在。因而,意义具有绝对的主体性、独立自在(自足)性和自在自为性。从实质的内涵上讲,意义是思想观念或思想内涵,有鉴于此,意义的所有者是人,意义是为人所拥有的意义,是针对人、就人而言的意义,以意义为本位、以意义为中心,终究是以人为本位、以人为中心的,意义本位论同时就是人本位论,或者说,是人类中心主义/人类中心论。

那么,“一切意义来自哪里?”针对这个对“存在”赋义(赋予意义)或赋值(赋予价值)的形而上学问题,从古到今,哲学家们一直在探讨人类意义世界这一本体性世界是如何安置、寄寓的,并为此而去寻求意义世界之所在,或诉诸物质世界(“物自体”是意义之所在,表

现为唯物论或物本主义)，或诉诸理念或绝对精神(理念或精神是意义之所在，表现为唯心论)，或诉诸神(神是意义之所在，表现为神本体论即神本论、神本主义)，或诉诸人(人是意义之所在，表现为人本体论即人本论、人本主义)。换言之，意义之源是宇宙中最本源、最本质，也最实在的(终极)"存在"(作为一切"存在者"生成和回归之源泉的"始基""一""第一因""本体"，即一切经验现实存在的超验性基础和源泉)。这种第一性的决定性因素是"理念"(绝对精神)或"神"(上帝)或人(灵魂)。这一意义之源及意义本身是"先验"(超越而又不脱离经验世界)的、"先在"(先于其他任何事物而存在)的，而且是"永在"(永恒存在或"在场")的。由此，意义在一个固化结构中被定义、解释或说明，意义是既定的、被固化的意义。在意义本位论——无论根源于物本论、绝对精神本体论、神本论还是人本论等"(意义)在场的形而上学"(metaphysics of presence)哲学传统——的观照下，所有的媒介(包括符号媒介、身体媒介、技术媒介或时空媒介等)都是工具，都是用于意义表达、交流(传播)的工具——或是神(与人的意义交流)的工具，或是人(与人的意义交流)的工具。用现代"传播学之父"施拉姆的话说：媒介"就是插入传播过程之中，用以扩大并延伸信息(作为意义的母体性载体：引者注)传送的工具"。[①] 因而，迄今为止，几乎所有的媒介思想和媒介观都是工具主义的，都是媒介工具论的。[②]

---

① 威尔伯・施拉姆等.传播学概论[M]北京：新华出版社，1984：144.

② 只是作为工具或手段的媒介通常充当的是"中介"(medium)的角色，因此，媒介工具论往往又被称为"媒介中介论"。

二、意义本位论下的媒介观

在意义本位论的观照下，从最本质处、最内在地说，世界首先是一个意义的世界，万事万物（包括媒介）都是以意义作为存在的依据的，或者说，都是以意义的存在作为其存在的先决条件，都是作为意义的派生之物或作为意义的工具/手段而存在的——因意义或为意义而存在。而其中，一切媒介只是用于意指、代表、表示、锚定和加固意义的（如符号媒介、身体媒介），或者用于装载、运输和传递意义的（如空间媒介、技术媒介）。换言之，内在的、作为内容的意义与外在的、作为形式的媒介之间构成了一种体—用（本体—功用）的关系。正因此，用符号学的话来说，所指（意义）因其本体性而拥有相对于能指（语言符号或非语言符号）在本体论上的优先地位，即：所指独立于且先于能指。

在这个漫长的传统形而上学哲学发展进程中，神本主义和人本主义（人类中心主义）的媒介观一直居于主导地位。自柏拉图以来，人们总是幻想着一部独立，超脱于肉身、技术、语言符号以及物理时空的纯粹文化（意义）的历史。其间，作为意义之源头和“主人”的人是绝对的主体——意识主体（理性主体、思想主体或精神主体），是理性、自足的主体，而技术、肉身、空间和语言文字等可以充当媒介的东西都只是隶属于人类意志的外在物（工具或手段）。譬如，其中的技术媒介被当作中性的信息发射和接受装置或信息传送工具、手段/系统，扮演中立的工具性角色。正因此，在整个古代直到近现代，作为人类传播（交流）工具的符号媒介，连同技术媒介、肉身媒介及空间媒介，大都成为传播思想中受到忽视而被遮蔽、遗忘的“媒介”。媒介长期处于“不在场”(absent presence)的“透明”状态。[①]这种“去媒介化”(“脱/离媒介化”)的趋势恰好反映出一种反媒介取向的媒介观——媒介工具论。

最后,从古到今,哲学家们大多按“事物—意义(或思想、观念)—语言符号”的模式考虑问题,即认为意义(或思想、观念)反映事物,而语言符号则是意义(或思想、观念)的外在表达和传递工具或媒介。因此,意义(或思想或观念)可以脱离语词而独立存在,所谓“得意忘言”。在此,意义具有相对于语言符号媒介的绝对的先在性,语言符号媒介的优缺点则在于它们是否准确地表达和传递了意义(或思想、观念)。显然,这是一种以意义为本位(出发点或中心)的思维模式,它体现的就是一种(符号)媒介工具论思想。这进一步确认:在意义本位论的观照下,人类所有的传播(交流)活动都是围绕意义而展开的,都是意义(或意义的表现形式,如精神、思想、观念或信息)的交流、交换或分享、共享的活动。由此,人类的传播(交流)史就成为一部**精神(意识、思想、观念)交往史或信息交换史**。从这个意义上说,传播——无论何种传播形态,人内传播、人际传播、组织传播、群体传播、大众传播或跨文化传播、国际传播及全球传播,本质上都是意义传播。毋庸置疑,意义传播下的媒介——无论是符号媒介、技术媒介、时空媒介,还是身体媒介——都是抽象内容(意义)被对象化的具象化形式,都是服务于意义传播的工具性的存在,都是意义传播的手段。可见,主张意义传播的媒介思想(观念)同时也是工具性地理解媒介的媒介思想(观念),因而无疑是工具主义或工具论的。正是在奠基于传统形而上

① 当然,媒介的长期缺席/不在场状态不只是因为主观上被媒介工具论的传播思想所忽视,还要归因于媒介本身的透明性,因为媒介如此切近乃至于人媒合一,从而使其存在具有了自明性(亦即透明性,用海德格尔的话说,处于切近而习焉不察的“上手性或上手状态”)。

学本体论的意义本位论观照下，所谓“媒介传播”，并不是媒介作为主体的传播即真正意义上的“媒介（的）传播”——“媒介化（mediatization/mediazation）传播”，而是媒介作为工具或手段即中介的传播，也就是“用媒介的传播”——“中介化（mediation /medialization）传播”。

由意义本位论所规定的中介化传播观集中体现在符号互动论上。符号互动论认为，人类通过符号媒介在一个复杂的社会内把人连接起来，建立一个共通的（common）意义空间，进而建立人类交往（communication）的共同体（community）。在此，媒介（符号）承担“社会黏合剂”的角色。“两个本身是分离的部分却可以通过一些媒介结合在一起，它们各自同这些媒介连接着……”①换言之，人与人心灵的共通性（意义共享）是借助媒介（符号）达成的。“通过语言、眼神或其他手段与他人交往，意味着与他人或多或少产生了彼此的理解或者交流，获得共同点并且了解了对方的观念或情感。”②

迄今为止，媒介乃传递人精神和意义的媒介，这一直被视为不证自明的甚至是唯一“正确”的媒介观。

---

① 詹姆斯.彻底的经验主义[M].庞景仁，译.上海：上海人民出版社，1987：57.

② 库利.人类本性与社会秩序[M].包凡一，王湲，译.北京：华夏出版社，2015：95.

第二章　西方媒介思想转向的媒介存在论基础

从古代、近现代过渡到当代(后现代),西方媒介思想在演变过程中经历了一个观念上的大转折——从工具主义的媒介观(媒介工具论)转向现象学意义上的媒介观(媒介存在论),结果是,从一种反媒介或轻媒介的媒介思想转向一种亲媒介或重媒介的媒介思想。西方媒介思想(观念)的转向根源于人类在哲学本体论层面上的转向,即从精神本体论、物本论、神本论或人本论转向符号存在论、空间存在论、技术存在论和身体存在论。转向后的媒介思想和媒介观就奠基于符号存在论、空间存在论、技术存在论和身体存在论等媒介存在论。在媒介存在论观照下,媒介不再是传递、交流意义(信息)的工具,而变为生产、生成意义(信息)的"存在"本源。

第一节　西方媒介思想转向的“物”本论根源

历史维度是所有人类思想的本质特征。这种历史维度并不只是指思想形成和发展过程中物理和社会时空意义上的历史背景，同时也指精神层面上的思想语境，尤其是哲学思想语境——哲学是时代精神的精华。在西方媒介思想的演变历程中，自20世纪中后期尤其是进入21世纪以来所出现的媒介思想和媒介观的转向，就深刻地奠基于发生在20世纪初以来的传统/现代哲学①革命（“哲学改造”），并扎根于后黑格尔时代回归不思考（反思）、非批判的日常/直接/当下/现实/物质生活世界本身和走向人的（生存）“实践”②（praxis，“做”、行动、作

① 此处的“传统”是从哲学的意义上讲的，所谓“传统哲学”是指黑格尔以前的所有哲学传统，尤其是指近现代以二元论预设即主客二分、以主为本为特征的（人本主义）主体性哲学传统。因此，从哲学史的意义上讲，传统哲学几乎等同于近现代哲学。

② 此处的“实践”不是认识论意义上的被对象化的实践或对象性活动，不是马克思主义一般意义上的作为主客体相统一的“做”，不属于认识论范畴，而是生存论意义上的，表征一种“在世界中存在”即所谓“人生在世”的生命现象，属于生存论（一种特殊的本体论）范畴，它是指在主客体尚未被分化之前的“赤裸裸”的“纯粹/原初/原始经验/意识（之流）”或“活生生/活泼泼、生生不息、绵延不绝”的“直接的生活之流”即作为生命有机体的人与环境交互作用的前反思、前概念、前理论、“前表征”、前语言活动——一种最原初意义上、最切近于人的“做”（doing）的活动。概言之，“实践”即“（纯粹）经验”——（日常）“实践经验”；“生活”即“（纯粹）经验”——（日常）“生活经验”（人与环境的互动、交织和融合的整体）。作为认知材料和概念化的对象，同时也作为“意义场”即意义（生成）的原始场域，这种“经验”化的“实践”（“做”“行”“体悟”“生活”或“活动”）优先于认识（“看”“思”/“想”或“说”），是“首要的事实”和“最真实的第一级的存在”，为认识（意识或理论）提供可能和前提，成为认识（意识或理论）的基础。参见杜威.哲学的改造[M].许崇清，译.北京：商务印书馆，1997：46；陈亚军.古典实用主义的分野及其当代效应[J].中国社会科学，2014（5）：70-71.

为或感性活动)的哲学本体论(生活/实践本体论[①])思想沃土里。这种媒介观的转向根源于哲学和人文社会科学领域的生存转向或实践转向(practical turn)。

一、西方文化的生活(实践)转向和“物(自身)”性转向

纵观从苏格拉底到黑格尔的整个西方思想文化史,从哲学本体论的层面上看,西方哲学的主流传统是具有强烈思辨性、知性化或理性化、理论化(学理化)和精神化倾向的意识哲学(精神现象学)、观念论或唯心论。如同“笛卡尔的幽灵”长期萦绕在近现代西方人的头脑中,在这种意识哲学、观念论或唯心论支配下,西方思想文化在其发展历程中,从柏拉图到黑格尔,一直表现出如下的价值取向和偏好特征:重超验(或先验/先天),轻经验;重外在经验(认知意义上的),轻内在经验(即体验,生存意义上的);重思辨,轻实证;重思辨或实证,轻诠释;重认识(认知),轻生存(生活);重理性生活,轻日常生活;重思考(反

① 此处的“实践本体论”不同于传统上理解的马克思主义意义上的实践唯物主义(仍然是人本主义的,实践仍然属于认识论的范畴)。实践本体论强调:实践不仅是人的一种存在规定(人是实践性的,人是实践着的人,而实践是人的实践),不仅是人的一种存在方式(人是以实践的方式而存在的),而且,鉴于人的实践活动并不是人(的存在)的产物,相反,人(的存在)却是其实践活动的产物;不是人(的存在)规定其实践活动,相反,而是人(的存在)被其实践活动所规定,实践是人的存在的最基本的规定性和存在方式,因而就是人的存在本身——“人们的存在就是他们的现实生活过程”,而“全部社会生活在本质上是实践的”。因而,实践属于生存论范畴。正因此,马克思(主义)认为,认识问题从来就不是第一位的问题,生活(实践)问题才是。可见,马克思主义“新”(实践)唯物主义哲学实质上是实践本体论的,而非人本体论(人本论),亦非物质本体论(物本论)。参见董山民.马克思本体论的实践转向、维度与旨归[J].求是学刊,2019(3):44-52;陈永盛.再谈马克思新唯物主义哲学的实践本体论[J].马克思主义哲学论丛,2019(2):53-63.

思），轻实践（制作、行动）；重在场（实在/显在），轻不在场（潜在/隐在）；重意义，轻符号（语言）；重理念（概念），轻现实（事物）；重精神（意识、思想、观念），轻物质；重象征性意义，轻物质性意义；重心灵（灵魂），轻身体（意志/欲望）；重意识，轻潜意识（性欲/原欲）；重逻辑（思维）、判断/推理，轻直觉（直悟）、意象；重思维（概念/理念：相同性），轻想象（意象/意境：相通性）；重同一性（一），轻差异性（多）；重普遍性（共性、一般），轻特殊性（个性、个别）；重内容（思想），轻形式（媒介、载体、平台、渠道）；重人（神），轻物；重理论，轻实践（日常生活）；重认知，轻情感和意志；重理性，轻感性（悟性）；重神性，轻人性；重内心，轻外物；重道（理），轻术（技、器）；重效果，轻过程；重抽象，轻具体（具象）；重实体，轻关系；重整体，轻个体；重本质，轻"现象"；重时间，轻空间；重人，轻物；重文化、轻自然；重人文、轻科学；重理性人，轻感性人……总之，在传统本体论/形而上学或意识哲学（观念论或唯心论）的观照下，整个世界成为一个由"脱域"（脱离物质环境）、"离身"（脱离生物肉体）的纯粹精神世界所主导的世界，换言之，从本质上说，世界是一个精神的世界——一个"见人，不见物"的精神世界。由此，整个人类历史被看作人类思想或观念展现（"现象"）的历程，是一部思想史或观念史，即所谓"精神现象学"。

而自作为传统哲学（思辨形而上学）的集大成者、完成者（亦为终结者）的黑格尔以后，在回归日常/直接/感性/物质生活（经验）世界和人的现实生命、面向实践的哲学转向——从认识论意义上的意识或心灵哲学（主体哲学）到生存论意义上的生存或实践哲学——的指引和观照下，整个西方文化出现了"形下化"物质化——（日常）经验（内在经验——体验、体悟、体认、体知、体会、直觉、直悟）化、感性（超理性、“灵性”)化、具体(具象、形象、意象/象征、隐喻)化和差异(个性)化等发展趋势,人类历史从此转向为“物(自身)”展现(“现象”)的历程,开始形成一部“物(自身)现象学”史。这种“物化”(物自身化)趋势可以归结并表现为四种最基本的转向,即:(语言)符号化、(地理)空间化、(物质)技术化和肉身化转向。总之,世界从“超验”的世界(领域)回归到“经验”的世界(领域),从人缺席的、形而上的“天堂”下沉到人在场的、形而下的“人间”——“回到(现实的)人本身”。至此,人类的世界观为之一变,整个世界得以被重塑而被重新“发现”——世界不再是一个有待被静观沉思的旁观者所认识的外在世界,而是一个作为行动者的人置身其中的内在世界——也是唯一的“经验”(体验)着的世界。这个世界,只有与器具用品相联系,只有与周围的人相联系,归根到底在与人的实际生存的联系中,才能到场而向你报到。这个人与世界的关系因之改变——从彼此外在、相互独立的关系变为彼此内在、相互融合的关系。于是,人与环境(世界)融合为一个整体或者说合为一体。由此,“人生在世”即“在世界中存在”(“在世之在”,In-der-Welt-sein)或“存在于世界之中”(Being-in-the-World),成为人的生存的基本结构。①一方面,没有独立于作为实践和行为者(“体验者”)的人的生存的存在物,世界万物同与之打交道的人密不可分,世界是(属于)人的世界,是人日常活动、操劳其中的世界。另一方面,人是(融身、依寓、逗留、繁忙、纠缠和沉浸于)世界中的人。“人是世界的一部分,无论他情愿或不情愿,他总是和这个世界同呼吸、共命运

① 海德格尔.存在与时间(修订译本)[M].陈嘉映,王庆节,译.北京:生活·读书·新知三联书店,1999:66.

的。”①总之，人与世界首先是一种前反思、前理论（认知）的“享有”（“共有”）关系。正是在这种人生在世的人与物“共有”关系中，与人共存、共在的存在者（“物”）长期被人所忽视和遗忘（“见人，不见物”），因为这些存在物太“亲近”于人，它们时刻处于“（当下）上手状态”（readiness-to-hand）②而作为透明物与人融为一体，人则沉浸（immersion）其中，因而难以把它们对象化（表象化、客体化）和主题化成客观“在手（现成）之物”（present-at-hand），而是对它们习焉不察（视而不见，听而不闻——熟视无睹）。人类向来倾向、习惯于眼睛向外看而无视/忽视与之打交道的“近身”存在者；人一旦觉悟，顿然“开窍”，人伦日常中最切近于人、作用或有用于人，以至于与人合一（人最不可或缺）而最不可见（因为隐身于背景之中，难以被对象化、客体化、主题化而丧失了“自身”）的透明性“自在”“存在（者）”（如语言符号、地理环境、器具、身体等存在物），便从被遮蔽、锁闭的晦暗地带走出，步入“林中空地”（Lichtung，疏朗处，敞开、去蔽的场所），“灵光乍现”“触目”“灵明”般蓦然“发窍”“凸显”或“浮现”出来，跃入人的视线，而被重新发“觉”、发“现”——进入敞开、揭蔽（解蔽、去蔽）、显露、展示、廓清、被照亮着而自然涌现的澄明之境。在这“林中空地”，万物各自敞开、绽放，又相互召唤和应答。这是一种“民胞物与”式的万物一体、万有相通之境。在此，人与物一同“返回”万物共同归属的本源开端处，物与人得以共同受赠、共同绵延、共同显现。在这种澄明之境中，由于人是泰然任之、虚怀敞开的，因而，人是揭示性（显示性，而非逼索或征

---

① R.BERNSTEIN.The Pragmatic Turn[M].Malden:Polity Press,2010:20.

② 海德格尔.存在与时间（修订译本）[M].陈嘉映，王庆节，译.北京：生活·读书·新知三联书店，1999:83.

服性)、阐释性(理解性,而非解释或说明性)地去接近和面对"物";相应地,"物"也因此不再"隐身"而"现身"、切近、亲近于人。在此,不是"见物,不见人",而是"人、物共见""人、物互见",即不只是人看物,还是"物与人两相看",即物与人相互映照、相互揭示,各自如其所是地昭然若揭,好比"我看青山多妩媚,料青山看我应如是"。这是一种非对象化、非客体化的天人合一("天""地""神""人"相互敞开,汇聚于一体即"一个世界")、心物合一(身心合一)式"生存"境界。正是在这种人的生存体验(而非经验认识)中,"物"得以"临场"而被重新"发现",其"物性"得以显现——"物"是在"具身"即"身体""投入"(hingabe,"献身",即自身放弃或舍身给出)或沉浸于世的状态下被"悟"即"体悟""体会""体验""体证"或"体认""体知"(embodied knowing)①到的活泼泼的生成(上手)之物,也就是构成性存在——"物自身"(生成"物","万物皆如其本然"),而非被"看"(凝视)和"思"(思维、反思)到即被心灵或理性认知的光溜溜的现成(在手)之物——"现存之物",也就是给定的既成性存在——"对象物"(现成/既成物,"万物皆非其本然")。至此,世界不再是一个受数理逻辑控制的标准化、可计算、可测量的实体性物理世界,而变成一个被人类阐释的、敞开的意义世界。

自黑格尔以后,在人类"体知""体察""体认""体验""体证""体会""体悟"之下,西方文化回到和直面当下以身体为基础即"具身"的"物"(Ding,thing)的世界。此"物"非彼"物"(物质,material),是超越心—物即精神—物质二元对立意义上的"物",是"本真的物",是本源

① 一种相异于以离身为特征的西方现代知识论(主体与客体二分)的儒家及东方具身认知模式。参见杜维明.杜维明文集(第五卷)[M].武汉:武汉出版社,2002:364.

的、不断生成而不僵化、完整而未被肢解或切割、处于“自在”“自由”“真实”状态的**“物”自身**[①]——作为“存在”(显现)之“物”,而非心物二元对立意义上的“离身”(disembodied)的“物”,即非与人/心相对的、对象化的客观对象物(object,物质)或被人表象为客体的实体性的现成物——作为“存在者”的“物”。因而,此“物”也不是“被使用”之物,而是“是其所是”[②]。基于此,西方文化出现了所谓的新“物性”(thing-ness)转向。此“物性”非彼“物性”(**物质性**,materiality),是“物”何以为“物”、“物”之为“物”的依据所在,是“物”是其所是地成为其自身的自我同一性(非对象性)即所谓**“物自(身)性”**,而非与人性或精神性相对的、物质之所以为物质的物理属性即物质属性/特性(matter)。[③] 同时,西方文化趋于“物化”(thing-fication),此“物化”非彼“物化”(**物质化**,materialization),是**“物自身化”**。相应地,从以“人”“心”为中心的精神文化、精神生活和精神主义(唯心主义——人本主义即人本论)逐渐转向以“物质”和“物质性”为中心的物质文化、物质生活和物质主义(materialism,唯物主义——物本主义、物质本体论即物本论),进而转向以“物(自身)”和“物(自身)性”为中心的新物质主义(new materialism,新唯物主义——新“物”本主义即新“物”

① 此处的“物自身”不是康德理论意义上的“物自体”。“物自身”表达的意思是:自身尚未被对象化而让世间万物得以被对象化的“自足且自为之物”。而“物自体”表达的意思是:自身永远没法被人类表象化为对象的“自在之物”(thing-in-itself)。

② 哈曼.迈向思辨实在论:论文与讲座[M].花超荣,译.武汉:长江文艺出版社,2020:129.

③ 在“物质作为物质的属性”意义上的“物质性”,既有客体性的物质性,又有主体性的物质性;既有“实”的内容物质性(可以被感官感知或被仪器检测出来),又有“虚”的形式物质性(主要指数字媒体的象征性形式,譬如软件程序、数码物等);既有宏观的物质性,又有微观的物质性;既有静态的物质性,又有动态、操演的物质性(performative materiality,主要指物与物质性非物譬如肉身展开交往互动,例如身体姿态、性别操演、劳动等物质性实践)。参见章戈浩,张磊.物是人非与睹物思人:媒体与文化分析的物质性转向[J].全球传媒学刊,2019(2):109-110.

本论)。在这种“物(自身)”的转向即“物(自身)性”视角的观照下,“物”不再被视为处于中心的“人”的对立面而存在,不再是三维物理世界内的冰冷的惰性的没有灵魂、生机和活力的物的存在,而是超越“人”(心灵)、“物”(物质)二元对立而具有两重性(duality)即兼容两者特性(“物性”中包含“精神性”和“物质性”)的唯一的“物”,因而具有了中心性或本体论意义上的存在性。由此,“物”在本体意义上的活性、丰富性、有机性、积极性和能动性得以恢复。①于是,与人本主义(人本论)相对立、亦不同于传统物本主义(物本论)的新“物”本主义(“物”本论)确立起来。随之而来的是,在人类的话语体系中,以“物”(自身)为本位、以感性(形式)为特征、建立在新唯物主义(物质主义)基础之上的新“物”本主义叙事日益取代以人为本位、以理性(内容)为特征、建立在传统唯心主义(精神主义)或唯物主义(物质主义)基础之上的传统人本主义或物本主义②叙事。也就是说,从“(见)人”的叙事逻辑转向“(见)物”的叙事逻辑,进而转向“(见)‘物’”的叙事逻辑。

① 这是一种区别于传统唯物主义(包括古代朴素唯物主义、近代机械唯物主义和现代马克思主义的历史唯物主义)的新唯物主义或新物质主义(new materialism)哲学立场。新唯物主义(物质主义)质疑传统唯物主义(物质主义)内含的人本主义意义上的物质和物质性,不再将自然仅仅视作人类文化活动的背景,物不再是“哑的”和被动的,直到它被人类的兴趣和解释所唤醒;相反,“物”成为社会实践的另一种行动者,人与物的界限被彻底颠覆。参见 M.MACLURE.The New Materialism:A Thorn in the Flesh of Critical Qualitative Inquiry[M].California:Left Coast Press,2015:93-112.

② 从本体论上讲,人本主义(人本论)与物本主义(物本论)是相对立的,因为各自分别以人(心)或以物为本体,但两者又是一体两面而相互强化的,因为两者共享一套“心”“物”二元对立的本体论结构,因而在方法论上都趋向于“人本主义”(人本位论:以人为本位)即“以人为中心”(人类中心主义)。因此,物本主义叙事即“(见)物”的叙事往往附属于并淹没在人本主义叙事即“(见)人”的叙事中。

二、现象学视域下的"物"本论——媒介存在论

在西方哲学从传统(现代)哲学到反传统(后现代)哲学、从本体论哲学(即形而上学)到反本体论哲学(即存在论)的转向过程中,现象学发挥了至关重要的作用。正是现象学的介入实现了哲学从认识论(人本主义的主体性哲学或意识哲学)到生存论,进而到"存在论"(反人本主义的后主体性哲学)的转向,同时也实现了本体论从二元本体论(以心/物或身/心为本体),到一元本体论(以人的物质/经验生活实践世界及"物"自身为本体),进而到反"本体"论的转型。严格地说,作为一门"最严格"的科学,现象学不是一种哲学理论,而是一种哲学方法论,或者说,是一种哲学思维态度或观照世界的根本方式。作为一种观照世界的方式,从希腊词源上说,"现象学"的本来意义是"让人从显现的东西本身那里如它从其本身所显现的那样来看它"①。换言之,现象学"排斥任何间接的中介而直接把握实事本身,无论这种中介是源自权威,还是源于习性"②。以"朝向或回到事情/实事本身"为主旨的现象学旨在通过还原、悬搁(epoche)或加括号(bracket out,"中止判断")等方式,以直面或者说回到作为**最终剩余物**的"纯粹""原初""始源"(primordial)、"自然""鲜活"、最"直接"(直接给予性,即当下、最切近于人地直接显现而实际地给予)、最"内在"(不向外

---

① 海德格尔.存在与时间(修订译本)[M].陈嘉映,王庆节,译.北京:生活·读书·新知三联书店,1999:41.

② 海德格尔.现象学之基本问题[M].丁耘,译.上海:上海译文出版社,1995:2-3.

超越,绝对可明证性、自身给予性)的“经验”[①]/“意识”——一个前概念、前逻辑和前反思即主客尚未分离或分裂的最本源性领域,正处在发生之中、人投入或投身其中、且源源不断涌现和绽出的直接生命体验,就是“事情/实事”本身。显然,这个成为**“事情/实事本身”的最终剩余物——纯粹/原初经验——不是“物”,准确地说,不是一般性的物(所谓“物质”)或对象性、实体性的物(对象物),而是“物”之为“物”或“物”何以为“物”的依据——“物自身”**。现象学不是把什么东西都还原为“物”,而是还原为“意义”(生成)——非实体性的结构关系和非本质化的生成过程。用现象学的话说,作为“事情本身”或“物自身”的“原初/纯粹经验”就是“现象”(“现……象”[②]或“显……象”“显现”“显示”)——(事物)“显现”之“发生”,且为“纯粹现象”。“现象”就是在“原初/纯粹经验”中被体验到的“东西”,即“纯粹意识内的存有”,它既非关于客观事物的表象或心理经验等主观性“东西”,亦非客观存在的经验事实或感觉材料等客观性“东西”——总之,并非什么“心理事实”。换言之,作为“事情本身”或“物自身”的“现象”(过

---

① 现象学尤其是后期现象学意义上的“经验”,首先是一个动词,是指“实践经验”或“生活经验”——生存“体验”,它表现为生动真实、立体多维而内涵无尽可能的饱满意象。因此,它不同于日常生活中或一般认知意义上即经验主义意义上的“经验”,后者是指的感官经验或感觉经验,它表现为二维、静态的印象,即我们主体的感官对于外在客体刺激的接受。显然,它已经预设了主客体的分离(不管它是否正式承认客体的物质客观存在),然后再寻求两者之间的联系。

② 现象学意义上的“现象”,首先是一个动词,表示“现(出)……象(来)”,等同于“显象”“显现”或“呈现”;而作为名词的“现象”也并非指与本质相对的“表现”,而是指直接描述下、主客体尚未被分化的“纯粹/原初/原始经验或意识(流)”即“事情”本身——一种前反思的流动状态,一种尚未被概念、语言切入的原初状态:“既不要把任何不是直接所经验的元素纳入它的各结构里去,也不要把任何所直接经验的元素从它的各结构里排除出去。”参见万俊人,陈亚军.詹姆斯文选[M].北京:社会科学文献出版社,2007:132.

程）不是存在者，而是超越任何一个存在者或任何类型的存在者，[①]是作为“存在者之为存在者”“何以存在”“因/缘何存在”或“之所以如此存在”之可能性的（先验）条件即“存在者”“之所是”，或者说，是使事物具有如此这般规定性的“存在”过程本身。[②] 总而言之，“现象”即“存在”。在此，现象学打断、中止了对世界的本体性追问——“世界到底是什么（东西）”，即不再表象主义地探究和认定：在纷乱复杂的感性世界背后有一个永恒不变的东西存在——万物得以存在的本源性“始基”（“终极实在”：“本体”），从而发现（显现）了非本体性的“是什么”之“是”即“存在”本身。正是从这个意义上说，现象学被称为“存在现象学”。最终，整个世界除了作为“事情/实事本身”或“物自身”的“现象”，还是“现象”（没有“现象”背后不可直观或直接显现但更基本、更本源、更实在的“本质”“本原”“本体”“实在”如“理念”/

① 海德格尔.存在与时间（修订译本）[M].陈嘉映，王庆节，译.北京：生活·读书·新知三联书店，1999：4.

② 德国现象学家、存在哲学家海德格尔批判传统哲学或形而上学/本体论（又称“传统存在论”）混淆了“存在”/“是”（动词：Sein/to be/Being）与“存在者”（名词：Seiendes/beings，动词被名词化为动名词），进而对之做出区分（所谓“存在论区分”），提出了自己执守的本真的本体论——“存在论”（又称“基础存在论”）。他认为：哲学原本是关于“存在”的“存在论”（Ontology，On Being），或者说，是探究存在者之“存在”的学问。由于哲学讨论的主题从“存在”（“存在是什么”）无意中转向“世界或万物的本原、本质或本体”、唯一“固定不变的作为诸多其他东西（形而下存在者）的主体、基础、原因、本质并先于其他东西而独立自存的东西”（一种特殊的、形而上的“存在者”：“实体是什么”），而遮蔽、遗忘和放逐了“存在”本身的问题，西方“存在论”哲学在其后的发展过程中异化为实体化或本质主义化的“本体论”（“实体本体论”即形而上学：“有关存在者而非存在的学问”）——一种非本真的伪“存在论”。为此，他的哲学旨趣在于：回归本真的“存在论”。基于此，他提出：不要（像柏拉图以来的哲学家那样）去追问“存在是‘什么’”，不要实体化、本质化地去理解“存在”；“存在”没有本质，它不是什么（东西、物或“存在者”），它什么（东西、物件或“存在者”）也不是，因为它是最普遍的、不可定义的、自明的概念；如果非要问它“‘是’什么”，那它就是“是”本身，“（存）在”即“是”——“存在（是）”。“存在”就是显示、呈现或显现（过程或方式），而非什么本体或实体。因此，“存在”（“是”）是动词，而不是名词。参见海德格尔.存在与时间（修订译本）[M].陈嘉映，王庆节，译.北京：生活·读书·新知三联书店，1999：3-6.

“绝对精神”“灵魂”“神”或“物自体”或“自在域”等所谓真正的“事情本身”)——“现象”就是一切,反过来说,一切都是“现象”,或者说,“现象之外,别无他物”(因为本质与现象是统一、一体——准确地说,同一——的,都是“事情本身”)。用法国现象学家梅洛-庞蒂(Maurice Merleau-Ponty)的话来说:“实在完整地显现,实在的存在与显现是一回事,没有不同于显现的实在。”①总之,**现象即本体/本质/实在**。正是从这个意义上说,胡塞尔将现象学定位为“一门关于纯粹现象的科学”②。为打破传统哲学“现象—本质”二分传统,现象学持有一种寻求彻底无前提或(形而上学)预设的“无立场”的立场,即不再预设主客(主体与客体)二分,而是采取一种坚决拒斥任何关于事物“存在”(尤其是关于精神/心灵或物质的对立性存在)的“本体论承诺”“本体论解释”而只诉诸“直观”(非认识论意义上的“直观”)的“真正的哲学态度”(与视觉中心主义、表征/表象主义即把世界对象化看待的自发、素朴而独断的自然态度相反)。它在“先验还原”(非经验心理学意义上的所谓“悬搁”“加括号”“中止判断”“存而不论”)中先验直观地观照世界(事情)本身(“本质”),同时让世界(事情)本身在全然不受干扰和不被遮蔽的情况下“如/是其所是”地“呈现”“显示”“显现”——显现自身(本质)。因此,这种“本质还原”同时也是“先验还原”,而“本质直观”也是一种“先验直观”。在此,通过“本质还原/直观”使事物如其所是地显现。质言之,现象学方法便是直接呈现和描述我

---

① M.MERLEAU-PONTY.Phenomenology of Perception[M].C.Smith,trans.London:Routledge,2002:424-25.

② 胡塞尔.现象学的观念[M].倪梁康,译.上海:上海译文出版社,1986:42.

们的体验之所是。因此，“世界就是我们所感知或直观的世界”①，世界并不处于意识经验之外，而是在意识经验中向我们显现自身，世界就是意识经验着或在意识经验中的世界；而意识经验不是没有对象或内容的自我意识经验，而是意识经验着世界，或者说，意识经验就是关于世界的意识经验——意识经验与世界之间没有任何距离，也没有任何差异，两者是绝对同一的。一句话，意识的意向“对象”不是外在的，而是内在的，它首先是可能化、时机化的活体/生命体验对象，而非现成化的被规定对象。由此，从学理上说，不预设主客体之间根本区别和相对的现象学同时也超越了经验论（外在、客观主义的实证）和唯理论（即超验论，内在、主观主义的思辨）的认识论，还超越了实在论（唯物论或客观论）和唯名论（建构论或观念论）的本体论：“一方面，我们不是在被给予之物，即感性材料中‘发现’这个一般之物，因而不同于实在论；另一方面，我们也不是在这种特殊的意识活动中‘创造’这个一般之物，而是‘发现’它，发现这个被一般人容易理解为虚无的非时空的观念，因而又不同于唯名论。”②这也就是说，在现象学看来，作为“现象”而自我呈现的“一般之物”，既不是有待我们去“发现”的现成之物，也不是有待我们去“创造”的虚构之物，③而是在我们的意识体验中自我生发而当下被直接给予的“现象”。至此，内

① M.MERLEAU-PONTY.The Phenomenology of Perception[M].C.Smith，trans.London：Routledge，1962：XI.

② 倪梁康.现象学及其效应——胡塞尔与当代德国哲学[M].北京：生活·读书·新知三联书店，1994：76.

③ M.MERLEAU-PONTY.The Phenomenology of Perception[M].C.Smith，trans.London：Routledge，1962：III，VIII.

“心”（人的意识经验）与外“物”（世界）在本质或先验直观中同时被瓦解而统一于“经验”即所谓“现象”本身，从而克服和超越了笛卡尔式的传统形而上学（心物、身心）二元（本体）论、二分法或二元逻辑即主客（心物、心身）二分或二元对立，走向“现象”/“经验”一元论（“现象”/“经验”超越、瓦解主客之分、心物或身心之别，同时也超越和化解一切二元分岔——不管是先天与后天、质料与形式，还是一与多、内与外等）——世界的自然或本然状态本来就是万物一体即万物合一的，而后才出现所谓主客二分和心物（身心）之别。换而言之，本然的世界是先于主客或身心二分的合一，而非主客或身心二分之后的统一或中和。正是从这个意义上说，现象学超越了传统形而上学（本体论，包括主体性形而上学）和一切形式的本体论（无论是人本论还是物本论）。在现象学的观照下，既然整个世界不存在所谓本源性、本质性的“本体”，因而没有先在/在先、独立的作为本体的“心”（人）与“物”（世界），那么，自然也就取消或消解了“心”与“物”之间发挥沟通作用的所谓“中介”意义上的“媒介”的存在（反过来，一旦承认作为“中介”的媒介的存在，也就预设了先于“媒介”的“心”“物”的既定存在——“心”“物”先于“中介”而存在，而后被“媒介”所中介和“中介化”），而只存在作为“事情”本身或“物”自身（in itself）、“现象”或“存在”意义上的“媒介”，可谓“媒介事情”（媒介即事情）、“媒介‘物’”（媒介即“物自身”）、“媒介现象”（媒介即现象）、“媒介存在”（媒介即存在）。在现象学的观照下，不应该也无须再去追问“媒介到底是什么（东西）”，因为媒介不是什么（东西），自然也不是什么所谓的“本体”，“媒介”就是“媒介（自身）”——这就是媒介现象学的结论。[①]媒介是自在、自足的，是自主、自为的，因而也具有绝对的先在性。媒介之先或之外，别无所谓的“现实世界”存在——相反，**媒介使世界成为可能，媒介构成或者说生成了世界，因而，媒介就是世界**。不存在先在于或外在于媒介而有待被媒介所中介的现实世界。换言之，不能说先有现实世界（存在），而后才有媒介（存在），或者说，不是先有一个既定的现实世界，然后被介入其中的媒介所中介，由媒介以特有的方式“解蔽”（有所去蔽，亦有所遮蔽）而呈现并带到我们的面前或让我们通达而得以看见。

总之，媒介不再是原初意义上的“媒介”，不再是作为介于“身心”“心物”或“身物”之间的第三者（关联者）的“中介/居间（物）”或“媒介（物）”，而是“媒介‘物’（自身）”。媒介不是中介，媒介就是媒介，就是媒介自身；媒介不是“本体”，或者说，媒介只以自身为“本体”——媒介自身就是“本体”，而不以其他任何事物为本体，即不存在隐藏在媒介背后的更基本、更本源、更实在的本体性存在即所谓“媒

---

① 在现象学对媒介的观照下，人（“心”）与世界（“物”）都丧失了先在性和现成性，因而，所谓充当人（“心”）与世界（“物”）相互沟通之桥梁的“媒介”（中介）其实是不存在的，存在的只是作为“存在”（显现）本身即“现象”或“事情”“物自身”的“媒介”（非中介）——“媒介（‘物’）自身”。“媒介物自身”表明：“媒介自身”是唯一、绝对而先在/在先的。因而，世界（现实、物）不是借由媒介“中介”、解蔽而临近、呈现于人，世界（现实、物）就“存在”于媒介之“存在”中，媒介之后或之外没有世界（现实、物），因而，“媒介”即“世界”（现实、“物”）——“媒介世界（现实、‘物’）”；人也不是透过媒介去认识、通达世界而与之打交道，人就“存在”于媒介之“存在”中，媒介之前或之外没有人，因而，“媒介”即“人”——“媒介人”。由此，“媒介即一切”“媒介即‘物’”“一媒（介）一世界”“媒介之外，别无他物”“媒介破碎处，无物存在”。反过来说，正因“人”“媒介”“世界”（“现实”“物”）融合为一体（“三合一”），“一切即媒介”，一切都是媒介或归于媒介——“‘物’即媒介”，万物皆为媒介，即所谓“万物皆媒”（人亦为媒介——人为媒介中之一种媒介）。总之，“媒介”即“媒介（人）世界”——（非主体性的）“人”的一种整体的在世结构。参见范龙.媒介现象学：麦克卢汉传播思想研究[M].北京：中国大百科全书出版社，2012：59.

介(的)本体/本原/本质”，或者说，媒介之所是的本质规定性；与此同时，媒介也只是自身的本体，而不是其他任何事物的本体。总之，媒介不是“物”，准确地说，不是一般性的“对象物”或“物质”，因而也不是具体的实体性的“媒介物”——要之，不是存在者(实体)，而是“存在”本身，是真正意义上的“物”即所谓“物自身”。“媒介”即“存在”——“媒介存在”(媒介之“在”)。所谓“媒介存在”，就是“媒介”之所“是”，就是媒介(“物”)自身。而“物”(自身)就在于它显现自身并使他物显现——在他物的显现中显现自我。“媒介”(物自身)就是让存在者赖以“存在”即得以出场而向我们呈现、显现(“显象”“现象”)出来的依据和缘由，或者说，媒介是使存在者得以“存在”之所在——是存在者“存在”之“存在”。换言之，世界(存在者)因媒介之“存在”而“存在”——只因有“媒介”(存在)，存在者方可“存在”(显现)；若无媒介(存在)，世界则不“存在”(显现)。概而言之，“媒介”是世间万物(包括人、技术物和媒介物等存在者)何以或因/缘何“存在”(成其“是”或“是”其“是”)之“本源”(始源归属)。[①] 因此，“媒介”是作为(存在者或万物)“去是”或“在起来”的“生成境域”的隐喻，而媒介形式(媒介化或媒介性活动方式)就是事物的“存在”方式或世界的“显现”方式。这就是现象学或存在论意义上的“媒介”，而非一般本体论意义上作为“本体”的媒介。有鉴于此，旨在借助“媒介”以唤醒“存在”的媒介存在论不同于媒介本体论(视媒介为世界的本体的本体论思考，即揭示隐藏在世界背后的本体性存在——媒介)，而是对

① 所谓“本源”，指的是，“一个东西从何而来，通过什么让它是其所是并且如其所是。使某物是什么以及如何是的那个东西，我们称之为某物的本质。某物的本源乃它的本质之源。”见海德格尔.艺术作品的本源[A]//孙周兴.海德格尔选集(上).上海：上海三联书店，1996：237.

媒介本体论的超越。

到后期，（经典）现象学出现了所谓纯粹“现象”/“经验”的完全生活（实践）化转向。它彻底从“先验自我/意识”或“纯粹自我/意识”（胡塞尔）、“我思”（笛卡尔）及“唯我论”、（交互）主体（间）性哲学（意识哲学）或传统（主体性形而上学）本体论（即人本主义[①]）中走出来，回到唯一作为意义之源、意义生成之原初场域的人类日常“生活世界”（Lebenswelt，life world）本身——通过知觉可以实际地被给予和被当下“经验”（体验）、被整个身体（实为身心不分）之整体直观到（还有过去/将来的潜在“经验”的边缘参与）的唯一实在的（经验）世界。它构成了认识和意识及其意向活动的背景和可能性的渊薮的“人类实践生活的大全”[②]。“生活世界是永远事先给予、事先存在的世界。”[③]生活世界是我们生活其中的前科学（前反思、前对象化、前二元区分或对立化、理论化或逻辑化）的、非抽象化的、无区别相（混混沌沌）的，也更为本源、原初而完整的经验世界——**人投身其中的、最原本的生活/生命体验本身**，是“人的”世界，是“我们的”世界。至此，现象学得出认识（认知）问题是一个生存问题的结论——认识（认知）即生存，生存即认识（认知），认识（认知世界）要通过生存（生存于世）来实现。或者更为根本地说，当现象学从人类生存的角度重新看待世界时，传统（认识论）哲学二

① 现象学家、存在哲学家海德格尔基于对传统主体性形而上学（本体论）或主体性哲学的批判而批判了人本主义或人道主义：“这个词（人本主义/人道主义，引者注）之所以已经丧失其意义，是由于我们明见了人道主义的本质是形而上学的，而现在这意思是说，只要形而上学坚持忘‘在’的话，形而上学就不仅不提追究‘存在’的真理的问题，还要堵塞这个问题。”海德格尔.关于人道主义的书信[A]//孙周兴.海德格尔选集（上）.上海：上海三联书店，1996：387-388.

② 王俊.从“现象学”到“现象行”（phaenopraxie）——对当代现象学实践化转向的一个新解读[J].华中科技大学学报（社会科学版），2018（5）：2.

③ 胡塞尔.胡塞尔选集（下）[M].上海：上海三联书店，1997：1087.

元论(dualism)的预设或前提即主客关系——无论是主客二分还是主客统一——模式(把主体与客体区分为彼此外在、彼此对立的独立存在的实体)已不再成立,因此,认识论问题(主—客关系问题)在现象学这里最终不是得到了解答,而是被彻底地解决或消解了。总之,现象学所言的“现象”或“事情”从“看”(seeing,“直观”)的“事情”变成“做”(doing,生活或实践)的“事情”,其所言的“(纯粹)经验”彻底从认知意义上作为认识过程和结果的(外在)经验(感觉经验或一般性意识)转变为生存意义上作为生命现象的(内在)“经验”(知觉体验或直觉性体验)——生活体验。从一般意义上的意识经验到生活体验,使现象学彻底以视觉/意识为本位探究“世界何以被认识即(对世界的)认识何以可能”的认识论(意识哲学)转向以体验/实践为本位探究“世界何以存在即意义何以生成、构成或建构”的生存论。

正是在现象学尤其是后期现象学“改造哲学”(即改造主客二元论或人本主义的主体性哲学/意识哲学)而“回归生活世界”的关切下,寻求世界始基(或心或物,或人或神或理念/绝对精神)的本体论问题和心物、身心如何统一的认识论问题彻底转换为人类意义世界如何奠基、建构即意义之生成、被赋予的生存论问题。由此,一切现实存在的基础与世界的意义之源(即意义生成的源泉,而非意义的容器、承载工具或表征手段)就唯一地奠定于人类日常物质生活(实践)世界(即“实践生活大全”)本身,从而确立起具有一元本体论属性的生活或实践(一元)本体论。从此,世界的“本体”被唯一地放置在人完全“投入”其中的、最原发、纯境域式(不可被反思“止流”)的活生生的“**实际生活(Leben)经验或体验(Er-leben)**”领域即人的日常物质生活(实践)世界内。由此,人类日常物质生活(实践)世界中的基本之“物”典型如符号、空间、技术、身体等媒介“物自身”成为我们在世存在的根基,成为生活世界的意义之源。在这个处于“有深意的状态”的自足的实际生活经验世界里,意义得以自发构成——一切都活在人的实际生活体**验之缘、之流、之域**中,而与人的实际体验毫无关系的“客观存在”是没有的或无意义的。

在现象学向后现象学进一步发展的历程中,带有人本主义色彩的生存论转向“回到世界本身”“意义何以呈现(存在)”而反对一切“本体”性存在(包括“心”和“物”及其“中介”物)的存在论。在存在论观照下,所谓“此在”,毕竟其存在是其他一切存在者的存在的先决条件,或者说,它是具有本体性的特殊的存在者,是所有存在者的关系中心或作为一切存在者的尺度和准绳的人,而不是一般意义上的存在者(beings);所谓“生存”,毕竟是人之“存在”(human being),而不是“存在”(being)本身。相应地,作为“人生在世”或是“人在世界之中存在”之一个环节的“(生活)世界”,毕竟是(属)人的(生活)世界,而不是“世界”本身。由此,生存论(所谓“人本存在论”,ontology of human beings)最终走向了瓦解、排除一切“本体”的“存在论”(本身,ontology in itself)。至此,作为“存在论”的哲学彻底摆脱了传统形而上学/本体论和主体性哲学的窠臼,同时也突破了认识论(意识哲学)范畴,并祛除了人本主义、人道主义的痕迹。如果说在生存论观照下,“世界”(Welt)是一个意义全体(意义关联整体或存在之大全之有——“万有”或“大全”,而非所有存在者的集合体),而人的生命是意义的揭示和展开,那么在存在论观照下,“世界”本身就是一个世界境域(情境)——一种所有的存在者及其存在意义都从中自发构成或生成现实的纯境域的(动态)关系(趋势)结构(**“境域”意味着各种原发的关系姿态**)。“世界”本身(非被人对象化的世界,亦非属于人的世界)成为其中的一切存在者赖以“存在”即出场和向我们呈现而揭示或展开意义的场域。换言之,意义呈现于“世界”本身及其具体而微的万“物”自身(万“物”都代表着世界,所谓“一滴水见太阳”)。更具体地说,意义显现于符号、空间、技术或肉身等诸种作为“存在”本身的媒介“物”自身,万事万物因之而与我们照面(出场)、向我们呈现(通达我们)。鉴于媒介形式状态是纯关系的,[①]世界因之而被“(感性/具象)形式地”[②]指引、指示或显示为相互勾连的意义结构关系网络(“因缘整体”)——整个世界的意蕴关联系统。这些媒介形式或呈现于语言符号(意义归于语言—符号),或呈现于人置身其中的时空环境(意义归于地理空间),或呈现于与人日常打交道或“遭遇”的技术、“器具”或“用具”(意义归于技术),或呈现于可以为人所“经验”着的身体(意义归于身体)。由此,(语言)符号、(地理)空间、技术和身体等诸多媒介形式都显示其媒介之为媒介的**“媒介性”(“物性”“存在性”或“显示性”:非对象性的意蕴关联或关系指引、展开、指示或显示性——敞开性、展示性、生成性、构成性)**来,因而处处都能看到**媒介之“存在(在)”,之“到场”,之“道说”[“媒介道说”:媒介“物自身”的自我表达和自我揭示、显示(而无需借助精神、意识或其他任何物的中介来被表征),同时也表达他者和显示他者]。或者说,在媒介“形式指引”(die formale Anzeige,或译为“形式指示”“形式显示”,更确切的表达应该是“形式的关系指引”或“纯境域关系的指引”)下,通过某种直接规定或居间调解,意义得以生发或呈现,世间万物(包括人)得以生**

---

① 张祥龙.当代西方哲学笔记[M].北京:北京大学出版社,2005:204.

② “形式”概念,不受限于普遍的对象域或事物域,其意义不能被属加种差的层级次序来决定。换言之,其意义来自“纯粹的姿态关系本身的关系含义”,而不是来自任何“什么内容”或事物域内容。由此,“形式”(而非“内容”)“防范”和排除了“本体论”/“实在论”的实体化倾向。参见张祥龙.当代西方哲学笔记[M].北京:北京大学出版社,2005:203-204.

成、成型——总之,"让"(邀请)各个存在者去"存在"即各"是"其所"是"、如其所"是"或成其所"是"。"一媒(介)一世界"即"媒介世界"。鉴于所有的存在者都在"存在"之中(即都是"存在"着的),"存在"带出存在者,并让存在者聚为一体。作为"存在"本身的媒介(形式)就是一个意义生成而让存在者显现的世界。在此,媒介作为意义之生成、呈现或显现情境/境域/场域/环境(而非作为先在意义/内容的实体性容器、承载工具或表征手段)——**媒介情境/境域即情境/境域化媒介**,表现为(语言)符号、(地理)空间、技术和身体等**媒介形式**,它从工具性的存在上升为"本体"(本源)性、"主体"性的存在,从而被赋予了本体论①地位,由此形成了(语言)符号(媒介)存在论、(地理)空间(媒介)存在论、技术(媒介)存在论和身体(媒介)存在论等"媒介存在论"②——形态。在媒介存在论的观照下,各种媒介形式作为"存在"即关系(指引)结构指引、指示、显现,在意义生发和万事万物生

---

① 此处的"本体论"是"存在论"意义上的"本体论",而不是传统形而上学(meta-physics)意义上的本体论。"存在论"是"本体论"的本源、本真之所在——本真的本体论。因此,海德格尔提出:"本体"即"存在",要从本体论(形而上学)回归存在论,即要回到形而上学的发源处、根基处——"存在",那里才是"本体"的无蔽的元根据(Ur-grund)。"存在论"不是对"存在者"或外在的实在世界的发问,而是对存在者的"存在"即作为存在本身的"存在"("什么是'存在'""何者为'是'",或者说,"存在者之为存在者的依据何在""存在者为何/如何/何以存在")的发问。基于此,如果说,传统(形而上学)意义上的"媒介存在论"亦可称为"(本体论)媒介主义",探讨的是作为"本体"的媒介,即认为媒介是世界的本体(本原、本质),同时也是作为万物之源和万物变化的终极原因(动力因)的最实在者(实体)——独立自存、自主自为的"存在者",那么,"媒介存在论"探讨的则是作为"存在"的媒介,即认为媒介是"存在者之为存在者"的依据,或者说,是存在者得以"存在"、之所以如此"存在"的缘由。参见海德格尔.存在与时间(修订译本)[M].陈嘉映,王庆节,译.北京:生活·读书·新知三联书店,1999:3-6;海德格尔.形而上学导论[M].王庆节,译.北京:商务印书馆,2015:3.

② 此处"媒介存在论"所探讨的是作为"存在"本身的媒介,即认为一切存在者得以"存在"(呈现、显现)的先决条件,或者说,存在者可能"存在"的先验条件是某种形式的媒介。鉴于存在者的存在是它们的出场和呈现方式,而存在者总是通过某种形式的媒介向我们呈现,那么可以说,这种媒介形式也就是事物(存在者)的"存在"方式本身。正是从媒介与存在的同一性——"媒介即存在"这个意义上说,媒介论就是存在论——所谓的"媒介存在论"。参见胡翌霖.媒介史强纲领:媒介环境学的哲学解读[M].北京:商务印书馆,2019:18.

成、变化中发挥着基础性(本体性)的规定作用。由此,整个世界就是由"媒介"自身所规定的(意义)关系(指引)结构网络/系统。而"媒介"的意义并不是认识论意义上把具有这些规定性的事物之规定性(内容)传递给人知道,而是存在论意义上因其"存在"才使得世间万物被"召集/聚集""趋近""到场"而具有了这些规定性①——"媒介"展开、规定、构成、造就和实现了万物在其中息息相关、彼此切近(亲近)和相互交流(互动)的具有"因缘整体性"的整个"世界"。在其中,人(作为万物中之一物)与物(包括具体的媒介物、物质技术、物件等)共生共存、相接相嵌以及相互介入和运作,最终各"是"其所"是",或成其所"是"。换而言之,"媒介"让物(包括人)守持在本己的"位置"而"让物是物"。

上述媒介"形式"或媒介"物"本身(包括符号、空间、技术和身体等)不仅仅是"形式",同时也是"实践"。作为"存在",媒介不仅仅存在于人的日常物质生活实践世界内,它还是日常物质生活实践本身。换言之,媒介并不是某种静态的、固定的或被动的、有待被利用的"物",而是一种表现为媒介自身生产或再生产的实践活动即媒介(生产)实践——媒介性或媒介化活动。因而,媒介不但是人类日常生活使用或实践中的媒介而具有实践性,而且它本身就是实践——"媒介实践"(media-practices,媒介即实践)②。鉴于媒介(而非人)是实践的主体,所谓的"人类实践",并非人的实践,非为人的"与媒介相关的实践"(media-related practices)或利用媒介的实践,而实质上就是媒介实践——媒介自身的实践,由媒介(而非人)主导、人只是参与其中而被

---

① 胡翌霖.媒介史强纲领:媒介环境学的哲学解读[M].北京:商务印书馆,2019:20.

② 丹麦媒介学者克劳斯·布鲁恩·延森认为:媒介融合带来了对媒介的新的理解和传播研究的转向——作为技术的媒介转向作为实践的媒介,即从媒介技术转向媒介实践,进而探讨特定的媒介及其传播实践对社会组织(从微观到宏观)产生何种影响。

"成就/造就"的实践。因此，媒介存在论又可称为"媒介实践存在论"，它包括——符号(媒介)实践存在论、空间(媒介)实践存在论、技术(媒介)实践存在论和身体(媒介)实践存在论等。

第二节　西方媒介思想转向的符号存在论基础

直到19世纪，在西方哲学和文化中，(语言)符号基本上被视为一种用于人交流思想观念的工具(中介，即媒介)，人的思想和感情要借助于(语言)符号传达和表现出来，这就是(语言)符号工具论。但是，对这个日常交流的必需工具，人们习惯性地拿来就用，并未给予足够的关注，而且，恰恰是在使用它的时候，对它最缺乏关注——更有甚者，对它使用得越顺心顺口顺手，对它忽略得就越彻底。即便偶尔关注到(语言)符号，那也只是在意它的有用性(表意功能)的一面，而无意于它自身的(语言)符号性(物质形态，如音响形象)的一面。也就是说，人们在关注(语言)符号时，只在乎它所蕴含或表示的意义(内容)，而对其本身(形式)则是视而不见、习焉不察的——(语言)符号之为(语言)符号被遗忘了。①人们对语言和其他表意符号之所以如此无视和"无感"，恰恰因为人是无可逃避而又悄无声息地被抛入先于个体的人而存在的语言符号世界里，并无可选择而又不知不觉地受其规定、决定和影响。

---

① 当然，对语言/符号的遗忘或忽视并不意味着人类对它的轻慢，或许恰恰是对它的过于敬畏所致，好比神圣之光过于耀眼而让人的双目失明："语言也像呼吸、血液、性别和闪电等其他带有神秘性质的事物一样，从人类能够记录思想开始，人们就一直用迷信的眼光来看待它。"罗素.人类的知识[M].张金言，译.北京：商务印书馆，1983：68.

一、皮尔斯的(语言)符号存在论

到19世纪后期尤其是进入20世纪,西方思想史上出现了语言转向,逐渐从本体论的“世界是什么”和认识论的“如何认识世界”转向“如何表述世界”。伴随着哲学的“语言(学)转向”(linguistic turn)及“符号学转向”(semiotic turn),①对(语言)符号的理解和观念也发生了变化,传统的(语言)符号工具论日益衰微,(语言)符号存在论逐渐占据了(语言)符号观的主流。(语言)符号存在论强调:作为世界的本体和意义的源泉,(语言)符号(而非人)建构了整个世界(包括人自身即人的社会性别以及人的肉身等)②。哲学的(语言)符号学转向肇始于实用主义哲学的先驱皮尔斯对以笛卡尔的心物(主客体)二元论为表征的传统(现代)哲学的批判。他力求超越、瓦解超验层面上的抽象的“心”或“物”尤其是作为内省意识的“心”,而回到日常生活经验世界中介于“心”与“物”之间的具体可感的媒介(中介)——(语言)符号——身上。正是从皮尔斯开始,“哲学的注意力指向了语言和其他类型的符号,而不是‘观念’或‘心灵’。”③从此,以探讨心灵为核心的认识论转变为以探讨语言为核心的日常语义学及语用学,对符号意义

---

① 语言是符号的核心要素和典型形态,而“语言转向”是“符号学转向”的核心内容和典型标志。鉴于两者间的这种几乎同一性的关系,下文有时会用“语言”来指代“符号”,用“语言本体论”来指代“符号存在论”,用“语言转向”来指代“符号学转向”。

② 有话语本体论者认为,人的社会性别甚至物质性的生理性别即身体都是一种话语建构。参见 J. BULTER. Bodies that Matter: On the Discursive Limits of Sex[M]. New York: Routledge,1993.

③ J.M.KROIS.Translator's Preface[A]// K.O.Apel.Charles S.Peirce: From Pragmatism to Pragmaticism.New Jersey: Humanities Press,1995: xv.

的追问取代了对观念来源和性质的追问。在皮尔斯看来,符号的意义之源就在于符号本身:“我们不具有不借助于指号(sign,符号,引者注)进行思维的能力。”“唯一可能加以识别的思想,就是在指号中表达出来的思想。”“所有思想都是通过指号表达出来的。”①因此,只有通过对语言符号的研究才能把握思想(意义),没有不通过语言符号表达而独立存在的思想(意义)。在皮尔斯所提出的“符号形式—符号对象—符号的意义解释”的符号世界三角关系结构中,符号(形式)本身是第一位的,符号(指号)的特性决定着思想(意义)的特性,符号(形式)与符号的意义(思想内容)具有某种同一性,以至于符号被当成意义(思想)本身,即所谓“思想—符号”(thought-sign)——人的思想(意义)其实就是语言符号。在此,符号(指号)不是表达思想(意义)的工具或手段,而是赋予思想(意义)的“主体”,因而是思想(意义)得以生成的来源。正因此,离开符号(指号),就不存在思想(意义)。相对于思想(意义),符号(指号)无疑具有本体性的性质和本体论上的优先地位。这就是皮尔斯的(语言)符号存在论思想。也正是从这个意义上说,不是人拥有符号和思想(意义)(如同笛卡尔所理解的),相反,是符号及其所生成的思想(意义)宰制了人:“我们应当说,我们处于思想之中,而不应当说思想处于我们之中。”②由此可见,皮尔斯的(语言)符号存在论是反人本论(或人本主义)的,它颠覆了——更准确地说,颠倒了(语言)符号与人的关系,人看似拥有(语言)符号,其实并不拥有,相反,人被(语言)符号所拥有,因为人是(语

---

① 涂纪亮.皮尔斯文选[M].涂纪亮,周兆平,译.北京:社会科学文献出版社,2006:127,120.

② 涂纪亮.皮尔斯文选[M].涂纪亮,周兆平,译.北京:社会科学文献出版社,2006:135 脚注 1.

言)符号的产物——人本身都是由(语言)符号建构起来的。

最后,皮尔斯认为,作为意义(思想)之源的符号,不是一般形式上的符号,而是在日常生活(实践)世界里所使用的符号,因而,要从符号在日常生活(实践)世界中的实际使用中寻找意义的来源。准确地说,符号的使用即符号实践才是意义之源。也就是说,不是用"倾向于说什么",而是用"倾向于做什么"来解释符号的意义。[①]这就是皮尔斯准则即著名的"语用学准则"(pragmatic maxim,又译"实用主义准则")。可见,这种语用学准则所表达的不仅是(语言)符号存在论思想,同时也体现出生活或实践本体论观念。

皮尔斯的(语言)符号存在论思想在福柯的话语理论那里得到了进一步的发挥,这集中体现在福柯的话语本体论中。福柯认为:话语不是"词"(词语)和"物"(事物)的简单结合体,也不是语言和现实之间的接触面。尽管话语由符号构成,但话语所做的并不止于用符号来指称事物("现实的无声存在"),话语因而不能被化约为语言(language)和言语(speech)。"正是这种'不止'是我们必须揭示和描述的。"[②]那么,话语到底是什么？所谓"话语",是一种陈述。但它不是一般的陈述,它不同于逻辑学中的命题、语法中的句子,也不同于语用学中的言语行为,因为它不受语言学或逻辑学标准和规则("正规用法")的规范和约束。作为一种特殊的陈述,话语既不是符号系统,也不是语言或逻辑结构,而是社会实践活动,是深度嵌入社会之中并与之展开内在构成性(constitutive)互动的实践活动。作为陈述活动,话

① A.J.AYER.The Origins of Pragmatism[M].San Francisco:Freeman,Cooper & Company,1968:125.

② M.FOUCAULT.The Archaeology of Knowledge[M].A.M.Sheridan Smith,trans.New York:Pantheon Books,1972:48-49.

语最根本的特性就是实践性。“我们必须视话语为我们强加于事物的一种暴力，或至少是强加于其上的一种实践。”①这种实践性具体表现为：“话语是各种机构通过一种界定和排斥的过程运用其权力的手段。”②“话语意味着一个社会团体依据某些成规将其意义传播于社会之中，以此确立其社会地位，并为其他团体所认识（认同，引者注）的过程。”③由此可见，作为一种社会实践活动，话语不仅仅是被动地指称和描述事物，还积极地“定义”（界定、规范）事物（包括事件）即“赋义”（赋予意义或含义），“通过制造和再造意义的社会化过程”，把言说者自身、“他者”及身处其中的社会现实建构起来。简言之，所谓话语的实践就是用符号界定事物和建构世界的社会实践，其核心是赋义行为。在《知识考古学》中，福柯不仅把作为实践的话语本身当作研究对象，并反复使用“话语实践”（discursive practice）这个概念来突出话语的实践维度和实践品性。基于话语的实践性，话语研究“不把——不再把——话语当作符号的整体来研究（把能指成分归结于内容或者表达），而是把话语作为系统地形成这些话语所言及的对象的实践来研究”④。而话语分析，则是考察话语的实践条件、受制约的规律和它在其中运作的场地，揭示话语背后蕴含的社会权力关系。总之，福柯的话语（实践）理论不仅突破了传统认识论观念中言与行之间的二元对立，也突破了语言与世界之间的二元对立。它超越了把语言仅仅当作指称事物和社会交流工具的工具主义语言观（语言工具论），上升为话

---

① 福柯：《话语的秩序》，参见许宝强，袁伟.语言与翻译的政治[M].北京：中央编译出版社，2001：21.

② 斯道雷.文化理论与通俗文化导论[M].杨竹山，等译.南京：南京大学出版社，2001：130.

③ 王治河.福柯[M].长沙：湖南教育出版社，1999：36.

④ 福柯.知识考古学[M].谢强，马月，译.北京：生活·读书·新知三联书店，1998：62.

语本体论(决定论)——话语具有绝对的“主体”性(非主客二元对立意义上的主体性)和本体论上的至上地位,它建构和支配了一切。“一切均在话语中”,脱离话语的人、事物、制度和知识都是不存在的,也是不可言说、不可理喻的。而人生在世,实际上是“人在话语中”,因为话语是一个先于作为个体存在的人的社会网络系统,人们的思想和行为被话语网络系统牢牢控制在其中,而不能置身其外,由此,自以为是话语主体(subject)的人其实被话语形塑了自身的身份,并被规训成“服从/屈从于话语(规则)”(subject to discourse)的“臣民”(subject)。人非(生产)话语的主体,人自身都是由话语生产(建构)的产品,人充其量只是充当话语所生产的知识的“承载者”。具体到“人”(非主体)的日常话语实践中,不是人选择语言规则来组织话语,而是语言规则选择人来组织话语,“你以为自己在说话,其实是话语在说你”,或者说,是话语在借你之口在说。因而,在话语(“主体”)面前,作为所谓“主体”的现实中的人显然是无足轻重的。如同福柯在分析“作者”概念时所指出的,谁在说话其实并不重要,重要的是有人承担起“作者—功能”(author-function)——所谓“主体”(作者)的“意义”就在于在话语实践中按规则陈述的“主体—功能”(subject-function)①。可见,作为一种特殊形态的(语言)符号存在论,福柯的话语本体论更是一种典型的反主体性哲学,是反人本论(或人本主义)的。与此同时,鉴于话语即实践,而且话语实践即为人的日常生活实践,福柯的话语本体论同时也是一种生活/实践本体论——话语实践本体论。

皮尔斯所提出的(语言)符号存在论还在结构主义与后结构主义

① 埃里蓬.权力与反抗——米歇尔·福柯传[M].谢强,等译.北京:北京大学出版社,1997:序言.

(解构主义)获得了极大的回响和呼应。无论是结构主义还是后结构主义,都认定世界是一个意义内在的自足的(语言)符号体系,因为(语言)符号的意义就来源于(语言)符号本身,而不是来自所谓的外部客观世界,也不是来自(语言)符号与其所指的对象的关系。①此乃所谓"意义的内在性"和"符号的自足性"("符号之外,别无他物")。与传统形而上学(意义本位论)相对的是,作为能指(形式),(语言)符号具有相对于所指(意义、思想内容或概念)的优先性,它先于所指并且决定所指,因为它参与到意义的生产、形成的过程,而意义的规定必须进入(语言)符号系统内才能实现。因此,作为能指的(语言)符号不是消极被动地从属、对应于所指(意义),而是积极能动地生产、建构和规定所指(意义)。反过来说,独立于且先于(语言)符号(能指)而存在的意义(所指)是不存在的——不可能有一个先验所指的、先在的意义(概念)。这等于宣告了长期以来支配西方文化的"(意义)在场的形而上学"哲学传统的破产。

为了消解意义的在场性和彻底解构"(意义)在场的形而上学",解构主义者德里达动用了"延异"(différance)这一语言运作模式。所谓"延异",是指"差异"和"延缓"的结合,即通过语言符号间的不断差异化处理来推迟意义的出现——事实上,由于符号间的差异比较永不停歇,因此,符号的意义永远不会到场(在场),从而达到瓦解和消除意义的目的。鉴于言语相对于文字在表达活动中更贴近于所要表达的意义,更能让意义直接出现,德里达对意义的消解更多地诉诸对文字/文本(而非言语)的"拆解"。(语言)符号的意义被(语言)符号自身所

---

① 比如,结构主义者索绪尔就认为,(语言)符号系统中的语词的意义仅由系统中其他符号或者说由该词与其他符号的联系与区别来决定。

消解，更是凸显了(语言)符号对意义“存在”的决定性作用。

总之，(语言)符号绝对是意义的唯一源泉和真正所在地，它不仅是独立自在自足的，而且是自主自为的，具有相对于意义的先在性和“本体”(本源)性即本体论上的优先地位，因而，它从一种工具性的存在上升为“本体”性的存在。结构主义和解构主义的(语言)符号观是典型地反意义本位论的，同时也是反人本论(或人本主义)的。

二、海德格尔的(语言)符号存在论

“语言是存在之家”——“任何存在者的存在居住于词语之中”①，这是海德格尔的(语言)符号存在论的基本观点。人们所能“谈论”的，已经是“语言”这一媒介所规定的结构了。超越于语言(媒介)之外的自在世界是不可谈论、不可理喻、不可想象——不存在的。海德格尔认为：要追问存在问题，就要把存在带入词语。词语之所以能把存在带入其中——词语“持有并保持一物在其存在中”，是因为词语可以“拢集”(召唤、邀请)存在者(物)，使之到场，并成为其所“是”(自身)：“让一物作为它所是的物显现，并因此让它在场。”②而词语之所以能成就“物”，是因为“词语本身就是关系，词语这种关系总是在自身中扣留着物，从而物才是一物”③。而且，“唯当表示物的词语被发

① 海德格尔.语言的本质[M]//孙周兴.海德格尔选集(下).上海：上海三联书店，1996：1068.

② 海德格尔.语言的本质[M]//孙周兴.海德格尔选集(下).上海：上海三联书店，1996：1071.

③ 海德格尔.语言的本质[M]//孙周兴.海德格尔选集(下).上海：上海三联书店，1996：1072.

现之际，物才是一物。唯有这样，物才存在（ist），"①语言"是一种普遍的揭示形式"②——揭示意义世界而使存在被（人）共同领会。"唯语言才能提供一种置身于存在者之敞开状态中间的可能性。唯有语言之处，才有世界。"③而若脱离词语，存在者（物）是不存在的——因为它没法显现即呈现意义，它也是不可理喻的。正所谓"词语亦即名称缺失处，无物存在（ist）"④。在海德格尔看来，语言不是流俗理解的那样具有指称或表意功能，它并不是给既存的事物贴个标签，而是能让"物"（存在者）得以"存在"、如其所"是"（"存在"）即显现的本源，它赋予了未成之"物"（存在者）一种关系和意义而让"物"（存在者）在自我显示的过程中进入"存在"状态即成其所"是"。可见，语言不是指称或表示某物"存在"的语言，而就是某物"存在"本身——某物因语言而"存在"。于是，语言与（存在者之）存在是直接勾连着的，而且两者具有绝对的同一性：语言干脆就是人乎词语的存在；存在则简直就是尚未述说出来的语言。语言不仅是万物即所有存在物"存在的家"，而且也是"人（之存在）的家"——"人以语言之家为家。思考的人们与创作的人们是这个家的看家人，只要这些看家人通过他们的说使存在之可发乎外的情况形诸语言并保持在语言中。他们的看家本事就是完成存在之可发乎外的情况。"⑤可见，不是语言处于人之中，而是

---

① 海德格尔.语言的本质[M]//孙周兴.海德格尔选集（下）.上海：上海三联书店，1996：1067.

② 贡克尔，保罗.泰勒：《海德格尔论媒介》[M].吴江，译.中国传媒大学出版社，2019：42.

③ 海德格尔.荷尔德林诗和诗的本质[M]//孙周兴.海德格尔选集（上）.上海：上海三联书店，1996：314.

④ 海德格尔.语言的本质[M]//孙周兴.海德格尔选集（下）.上海：上海三联书店，1996：1067.

⑤ 海德格尔.关于人道主义的书信[M]//孙周兴.海德格尔选集（上）.上海：上海三联书店，1996：358-359.

人处于语言之中；不是人拥有（语言）符号，而是人被（语言）符号所拥有。换言之，语言不是归属于人的语言，相反，人是归属于语言的人——因为首先，语言是独立自在、自为的“道说”（而非人说），而人则是（语言）符号的产物，人本身都是由（语言）符号“显现”而成其所是的；其次，不是人用语言在说话，而是“语言自己说话”——语言借人之口来“说”（显示）：“我们不仅是说这语言，我们也是从语言而来说。”①换言之，人说，只是因为人听——人先行去听即应合于或归属于语言——而说。人之说（声音）是从属于语言之说（寂静之音）的。②显然，海德格尔的（语言）符号存在论也是反人本论（或人本主义）的，它同样颠覆了人与（语言）符号的拥有与被拥有的关系。

语言是“存在”之家，同时也是“意义”（思想、观念）之家。语言是“意义”的温床或“家”，而不再是“意义”的家奴或邮差，也不再是“意义”的工具（容器或载体）。也就是说，意义如同“存在”是内在于、归属于语言的。语言本身就是对真理的揭示，因而与思想内涵是有机联系的。在海德格尔的语言本体论的观照下，人类的思想表达从传送语言之外的现成的观念转变为语言本身在当场的意义生成活动，也就是对语言中隐蔽的各种非对象联系的揭示，新的联系的发现和建立。或者说是让语言有生命、有自己的时空，让语言本身说出和唱出充满深意的东西（意义）来。所以，在海德格尔那里，一切有助于语言本身活动起来、当场生成意义的语境化成分都被尽量调动起来。于是，语言的“肉身”（读法、写法、排法、前后文中的位置等）顿时凸显（“现身”）

---

① 海德格尔.走向语言之途[M]//孙周兴.海德格尔选集（下）.上海：上海三联书店，1996：1134.

② 海德格尔.语言[M]//孙周兴.海德格尔选集（下）.上海：上海三联书店，1996：1003－1004.

了。所以，我们主要不是在听语言（符号）化的思想的报告，而是在观看语言—思想的戏剧演出。①

最后要指出的是，海德格尔的（语言）符号存在论同样也是一种生活或实践本体论观念，因为作为世界本体的语言虽是超然于人的“道说”，但它也要通过作为“此在”的人的日常生活（实践）世界“说”（显示）出来，否则万物没法向人显示，其存在是不可理喻的。万物是否显现或以何种方式显现以及显现什么，都是由其得以显现的日常生活（实践）世界所决定的。譬如，海德格尔心目中的诗人特拉克尔《冬夜》一诗的首句“雪花在窗外轻轻拂扬，晚祷的钟声悠悠鸣响……”向我们说话即述说着“冬夜”，可到底哪些“物”或“物”以何种方式应召唤而临场、而“入画”，取决于诗对何人说话抑或在何人的何种日常生活（实践）世界里说话。显然，在不同的社会历史背景下、处于不同的日常生活（实践）世界中的人（如德国人或法国人，古代德国人或现代德国人），从同一句诗中会倾“听”到不同的“声音”，而让不同的“物”以不同的方式显现。同样，一件艺术作品譬如梵高的画——《一双农鞋》。作为一个（非语言）符号，这双农鞋向我们不同的人（农夫、工人或作家）“言说”，而向我们敞开、呈现的意义世界是绝然不同的，因为我们这些不同的人是处于不同的日常生活（实践）世界中的。总之，语言具有自主自为的“主体”性，是世界的“本体”（本源），更准确地说，言说落实于人之日常生活（实践）世界中的语言才是世界的“本体”（本源）。而且，语言不只是处于社会实践中，语言自身就是实践的——言说着的。语言即实践——“语言实践”。鉴于语言（而非人）

---

① 张祥龙．当代西方哲学笔记［M］．北京：北京大学出版社，2005：205-206.

是实践的主体，语言实践就是语言自身的实践，而非传统所谓的“人类实践”。它并非人的实践，并非人的“与语言相关的实践”(language-related practices)或使用语言的实践，而只是关涉人的实践。完整地说，语言实践就是由语言(而非人)主导、人只是参与其中而被“成就/造就”的实践。因此，语言存在论又可称为“语言实践存在论”。鉴于语言即媒介(形式或“物”本身)，海德格尔的语言存在论同样反映出一种媒介实践存在论取向——语言实践存在论。

第三节　西方媒介思想转向的空间存在论基础

从传统上看，在西方世界，在人类历史发展进程中，主导性的历史叙事逻辑明显表现出对时间维度的偏好，而在不经意间把空间维度遮蔽和忽视了，由此，时间优先于空间几乎成为所有叙事的基本思维取向。不过，这种空间长期遭贬抑而缺席(缺场——“空场”)的状况①在20世纪后半叶发生了显著变化。

一、“空间转向”的发生

自近代以来，牛顿的绝对空间观(空间作为事物运动的一种绝对不变的参照系)一直支配着人们的时空观念，导致人们对空间的漠视。

① 正如福柯所言：“自康德以来……空间遭到贬抑，因为它站在阐释、分析、概念、死亡、固定还有惰性的一边。”参见福柯.权力的眼睛[M]//包亚明.权力的眼睛：福柯访谈录.上海：上海人民出版社，1997：152-153.

而自20世纪中后期始，人们环顾和重新审视生存环境，蓦然发现了长久被遮蔽、遗忘的空间的存在，与此同时，学者们开始批判长期以来对人类存在之“时间性”即时间优先性予以强调的历史主义(historicism)，而把“空间”作为一个重要的学理范畴提上学术研究的议程，并掀起了一股追问“空间为何”、从空间出发规定存在的社会思潮。福柯、列斐伏尔、哈维、詹姆逊、苏贾等一大批后现代主义的社会哲学家基于对人类生存世界的重新审视，提出了“异质空间(差异性空间)”“规训空间”“空间(再)生产”“空间的抽象化”“空间的虚化”“时空压缩”“地理不平衡发展理论”“后现代空间理论”“空间—历史唯物论”等新论断，由此催生出西方思想理论界的“空间转向”(spatial turn)，其重要表征是“历史叙事空间化”(从历史的空间分析转向空间的历史分析)——在空间化的历史叙事中，历史成为创造和发明空间的历史，或是生产和再生产空间关系的历史。应该说，空间转向是西方传统/现代思想文化的后现代转向中的一个重要维度。而人类生存世界中空间维度的被重新发现和整个社会的经济、政治和文化的转型促成了这种空间转向。“空间转向很难说是一些象牙塔里知识分子的杜撰。这种社会思想的变化更多地反映了当代世界中更加广阔的经济、政治和文化的转型。”①其中，最根本的社会转型在于时空压缩机制(可概括为“用时间消灭空间”“超越一切空间界限”)造成的人类生产生活方式的改变——生产从物质性生产转向非物质性生产(信息、服务等)，生活从物质性生活转向非物质性生活(社交、文化娱乐等)——符号化生存。从这个意义上说，空间转向具有一定的社会历

---

① B.WARF, S.ARIAS.The Spatial Turn: Interdisciplinary Perspectives[M].London: Routledge, 2009:4-5.

史必然性。

“空间转向”的发生有其深刻的时代背景和社会境遇,同时也离不开理论自身发展的需要,尤其是要归因于对“空间”的重新解读。从传统上看,一般来说,空间被视为一个实体概念,所谓“实体空间”,它或者被理解成一个地理概念,说成是“地理空间”,或者也从物理的角度来解读,说成是一个物理概念——“物理空间”(与时间并称为“物理时空”)、“物质性空间”或自然空间。无论是地理空间还是物理空间,都被视为一个自然而然的、具有物理实在性的、客观中性的实体性物质存在(如同器皿、容器)。进入20世纪后半叶,一批以新(或后现代)马克思主义者为主体的社会哲学家出于对社会尤其是对晚期资本主义社会的批判,挖掘和揭示了空间的社会属性和政治属性:空间不是一个与社会生活无关的自然事实,它不只是生活中的空间,还是生活的空间(“生活空间”:生活与空间具有同一性)。“(社会)空间就是(社会)产品。”①“空间是社会关系的产物。”“空间不是一个被意识形态或者政治扭曲了的科学的对象,它一直都是政治性的、战略性的。”②“它真正是一种充斥着各种意识形态的产物。”③空间因社会关系的改变而不断地被建构和重构。空间并不是人类活动发生于其中的某种固定的背景,因为它并非先于占据空间的人类及其活动而存在,却实际上为它们所建构。而且,进一步说,空间既被社会关系所生产,同时又反过来生产社会关系。社会关系因空间的改变而不断地被建构和重构。正因此,“我们不能将空间看作塑造社会集团的活动赖

① H.LEFEBVRE.The Production of Space[M].Oxford:Basil Blackwell,1991:30.
② 列斐伏尔.空间与政治[M].李春,译.上海:上海人民出版社,2015:37.
③ 包亚明.现代性与空间的生产[M].上海:上海教育出版社,2003:62.

以发生的无内容的空维度,而是必须将它和互动系统的构成联系在一起考虑。"[1]由此,"空间即社会,社会即空间。"进而,这些社会哲学家在政治经济学批判视域下提出"空间生产"(production of space)、"空间实践""社会空间""空间的表征"(representation of space)、"文化(身份)空间""权力空间""精神空间""表征性空间"(representational space)[2]、"空间的资本化""空间殖民化""空间的同质化(无差异化)""空间正义"等社会现实问题。所谓"空间生产",不是"空间中的生产"(production in space),不是指在空间内部的物质生产,而是指空间本身的生产,也就是说,空间自身直接与生产相关,而生产直接将空间作为对象。基于此,他们通过揭示资本主义存活的秘诀在于不断地"空间生产"(生产、再生产出自己的空间)来解码当代资本主义,进而展开"空间生产批判",从而把社会批判理论发展成社会空间批判理论,同时将马克思主义的历史唯物主义发展成"历史—地理唯物主义"("时间—空间—社会"三位一体的"资本积累的全球历史地理学")[3]。

二、"空间存在论"的提出

在对"空间"的重新解读中,在社会学视域的观照下,社会性、政治性的空间及其生产不止于资本主义的生产场域,而是不断蔓延、扩散到整个人类的"日常生活"空间,将它完全变为一个组织化的可操控的

---

① 吉登斯.社会的构成:结构化理论大纲[M].李康,李猛,译.北京:生活·读书·新知三联书店,1998:518.

② H.LEFEBVRE.The Production of Space[M].Oxford:Basil Blackwell,1991.

③ Cf.D.HARVEY.Consciousness and the Urban Experience[M].Baltimore:The Johns Hopkins University Press,1985:7.

领域、一个权力争斗的场域和政治实践的舞台，大众只能被动接受并生存其中。正如社会哲学家福柯所言："空间是任何公共生活形式的基础。空间是任何权力运作的基础。"[①]显然，空间不再是一个中性的物质环境，而似乎是被人为地、有计划地设计出来、被表征(represented)即被多重地、不断地赋予或浇铸意义的社会环境或文化(人文或人化)环境。而且，空间不只是权力的媒介、通途和权力借以运转的环境，同时也是一种独立、自主的力量，它会通过一套权力机制影响历史文化、符号、叙事以及置身其中的人和社会。基于人类生存空间既扩大又缩小的双重趋势对人类生产生活的双重制约和规定，"空间"不断地自觉化、自主化(以自身为主体)、自为化(以自身为目的)和"主体"(绝对主体，非主客二元对立意义上的主体)化，似乎拥有自我意识、自我意志的动力因子，从而日益成为全面宰制万物(包括人)的统治者(而不仅仅是统治工具)。于是，就出现了"自主空间""空间拜物教"和空间的"结构决定论"。

如果说历史唯物主义的空间转向将"空间"范畴提升到一个并立于物质劳动的基础性地位，从而使"历史—地理唯物主义"带有空间存在论的倾向，那么，新马克思主义思想家苏贾则将"空间"视为人类社会存在的最基本要素和人类社会生产的真正来源，认为空间(本身，而非空间中的事物)的生产业已成为人类社会发展的最根本动力。所谓"空间的生产"，从"空间的被生产"——空间被社会所生产——演变为"空间自身的生产"——空间生产出社会。由此，空间从"被生产之物"(产物)转变为"生产的主体"(生产者)。从而确立起"空间存在

---

① 福柯.空间、知识、权力——福柯访谈录[M]//包亚明.后现代性与地理学的政治.上海：上海教育出版社，2001：13-14.

论”。他所创立的以空间为“本体”的“后现代地理学”把历史决定论转换为空间决定论,把“时间—空间—社会”三位一体的“历史—地理唯物主义”则发展为“空间—历史—社会”三位一体的“空间—历史唯物论”。

苏贾首先确认“空间”并非一般意义上的客观地理环境概念(“僵死不变的地域”或“被动和可以丈量的世界”),而是一个具有人类历史性的社会空间——一个能动的、“具有行动和意义的世界”①。这是因为,“空间本身也许是原始赐予的,但空间的组织和意义是社会变化、社会转型和社会经验的产物”②。而且,(社会)空间与社会关系是互构的,社会关系的改变重构了(社会)空间,(社会)空间的变化重构了社会关系。“空间和空间的政治组织表现了各种社会关系,但反过来又作用于这些关系。”③因此,不仅空间总是同物质生产和生活联系在一起,空间生产的逻辑总是同物质生产和生活的逻辑相伴随,而且,空间生产就是物质生产和生活本身。进而,他认为,正如(社会)空间是社会(生产生活)关系的隐喻,(社会)空间的生产就是社会(生产生活)关系的生产的隐喻。

“有意义的”甚至生成意义的空间变成了一种独立自在自主而自为的存在——一种绝对的“主体”性的存在,它不需要依恃于外物或人的活动而存在。由此,空间及其生产成为人类社会存在发展的基石,空间生产逻辑则成为人类历史进程的根本叙事逻辑。在福柯看来,空

---

① 苏贾.后现代地理学——重申批判社会理论中的空间[M].王文斌,译.北京:商务印书馆,2004:81.

② 苏贾.后现代地理学——重申批判社会理论中的空间[M].王文斌,译.北京:商务印书馆,2004:121.

③ 苏贾.后现代地理学——重申批判社会理论中的空间[M].王文斌,译.北京:商务印书馆,2004:123.

间凭着自身的构造可以构成一种隐秘的权力机制，对置身其中的个体和群体具备一种单向的生产作用和强大的组织管理能力，因而，它能够创造出一个独特的个体或群体。①具体地说，空间构造了社会的规范和标准，建构起制度化的社会结构，从而迫使人们去遵从，并再生产出社会秩序。具体地说，空间区域（互动情境）的制度化特征在区域化的空间建构中主要凭借责任的约束和利益的诱惑来建构起情境互动中的行动者的角色特征。② 正因此，人的所有活动要受制于空间，并为之所规定，由此，人成为一种被动地遵循空间生产逻辑的被决定者。显然，空间存在论是反人本论（或人本主义）的。

“哪里有空间，哪里就有存在。”③可见，由于空间是意义的本源，整个世界因空间的“存在”而“存在”，“空间”与“存在”相同一，因而有所谓“存在与空间”（如同海德格尔所谓的“存在与时间”）。至此，“空间”与存在论构成了一种优先的本质联系，形成了“空间存在论”。在此，空间不再是一个认识、思考的对象，因而也不再是一个客观的外部环境，而就是“物自身”即“存在”本身。正是从这个意义上说，“空间”概念不再是认识论的范畴，而属于存在论的范畴。因此，不可采取对象化的态度来对待空间。

在“空间存在论”观照下，一方面，空间超越了物质与精神、自然与文化（社会）之间的二元对立，成为一种一元论的存在（“空间一元论”）；另一方面，空间获得了一种实践/生成取向，即不再存在先验的空间，一切空间关系都是在实践过程中生产出来的——空间是通过人

---

① 汪民安.身体、空间与后现代性[M].南京：江苏人民出版社，2006：104.

② E.GOFFMAN.The Presentation of Self in Everyday Life[M].New York：Doubleday，1959：251.

③ H.LEFEBVRE.The Production of Space[M].Oxford：Basil Blackwell，1991：22.

们的社会实践而形成的活动空间,或者说,空间就是“行动的空间”。“空间”(社会空间)并不是脱离、独立于人们的日常生活(实践)世界的“空”的“纯粹”“抽象”“绝对”的(实体性)“空间”,而是具体的社会生产生活关系网络,是“具体”“流动”“相对”的“关系空间”(relational space)。它总是内嵌于现实世界,处在现实特定的社会关系中,因而,空间是处于特定社会历史情境内、特定生活实践世界中的空间——人的实践活动的空间,它既是人类实践活动的基本前提和物质基础(“自在自然空间”“第一自然空间”),又是人类实践活动建构的结晶、产物(“社会空间”或“人化自然空间”“第二自然空间”)。然而,更为根本的是,空间不仅仅是“形式”,也是“实践”。作为“存在”,空间不仅仅作为实践环境而存在于人的日常物质文化生活实践世界内,而且它就是日常物质生活实践本身。换言之,空间并不是某种静态的、固定的或被动的、等着事物内容来填充的“物”,而是一种表现为空间自身生产或再生产的实践活动即空间(生产)实践。因而,空间不仅仅是因为人类在其中展开日常生产生活实践或被利用而具有实践性,还因为它本身就是实践——“空间实践”(space-practices,空间即实践)。鉴于空间(而非人)是实践的主体,空间实践就是空间自身的实践,而不是传统所谓的“人类实践”。它并非人的实践,亦非为人的“与空间相关的实践”(space-related practices)、在空间中或利用空间的实践,而只是关涉到人的实践而已。完整地说,空间实践就是由空间(而非人)主导、而人只是参与其中而被“成就/造就”的实践。因此,空间存在论又可称为“空间实践存在论”。鉴于空间即媒介(形式或“物”本身),(地理)空间实践存在论乃媒介实践存在论的一种特殊表现形式。

第四节　西方媒介思想转向的技术存在论基础

在西方思想文化的发展历程中，从柏拉图、奥古斯丁经由笛卡尔到黑格尔，西方哲学在心物二分即二元对立的二元(本体)论基础上始终秉持心(精神、意识)高于物(物质)，从而形成了一种基于主客二元论的“以主(体)为本(体)”的心本体论即主体性哲学传统。而自法国启蒙思想家尤其是自黑格尔以后，西方哲学思想出现了从理性到感性——从心(人)到物(物质)/物(质)性/物质主义的转向(material/materiality/materialism turn)，从心本体论(“心本论”、唯心主义、观念论)或人本体论(“人本论”或人本主义)及心物二元本体论转向物质本体论(“物本论”、唯物主义、物质主义)，进而转向“物”(thing)本体论。这种新的“物”(一元)本体论(“物”本论)集中体现在技术存在论上。

一、“物”(一元)本体论的提出

长久以来，“物”一直处于被“消失”“隐没”或“隐匿”的状态。西方哲学的物或物质化的转向开启于十八世纪法国启蒙思想运动①，兴

① 黑格尔认为，法国启蒙思想家开始向唯物论迈进，他们“只把感觉和物质看作真实的东西，把一切思维、一切道德方面的东西都归结为感觉和物质，认为只是感觉的变相”。总之，他们把思维归结为感觉。于是，“一切思想，一切观念，都只有在被理解为物质性的时候，才有意义；只有物质存在。”参见黑格尔.哲学史讲演录(第四卷)[M].贺麟，王太庆，译.北京：商务印书馆，1995：230.

盛于马克思主义的唯物主义。马克思主义的唯物主义是对黑格尔唯心主义的一种颠覆，它把被黑格尔颠倒的心物关系重新颠倒过来，让物高于心，物是第一位的，是决定性的因素——物质决定意识（精神）。世界的这种物质化转向将文化或文明建立在物理基座——“从地窖到粮仓”之上，这些物理基座不再是“人类精神的产品”，相反，是物质产品孕育着人类的精神，物质材料唤醒了精神活动。

不过，一般意义上的唯物主义（或物质主义，materialism）是一种传统的物本论即不彻底的物质一元本体论或物质主义思想，因为它仍然囿于笛卡尔式的二分法、二元逻辑即主客（心物）二分的二元（本体）论。继马克思之后，从唯物主义中发展出一种不同于普通唯物主义（相对于唯心主义）的新物本论（被称为新唯物主义或新物质主义，new materialism）。在以“回到事情本身”为旨归的现象学方法论的观照下，这种新的物本论不止于对传统心物或主客体二元论（或二元对立）等级秩序的颠倒，而是彻底瓦解、摆脱、超越了关于精神（心灵）与物质对立性存在的二元论框架结构本身，从而发展成为一种完全意义上的“物（自身）”一元本体论——“物”（Ding）一元论。[①]这种真正、彻底的“物（自身）”一元本体论（“最彻底的唯物主义”）认为世界的物质化转向是世界的唯一“物（自身）性”或“物”一元性——一种绝对的

① “物（自身）”一元本体论可以等同于“物导向本体论”（object-oriented ontology，简称OOO）。物导向本体论强调：非人类的客体与人类主体之间、纯自然物与纯文化物之间，在本体论层面是平等的，是不可区分而融为一体的，或者说，万物（包括人）是互为主客体的——所谓行动者网络理论（actor-network theory，ANT）所主张的包括“人”（human）与“非人”（non-human，包括技术物、观念、符号构造等非人类的存在与力量）行动者（actants）在内的“万物一体”“万物平等”“万物关联（联结，association）”。因此，物导向本体论又被称为“扁平本体论”（flat ontology）。G.HARMAN.Object-Oriented Ontology：A New Theory of Everything[M].New Orleans：Pelican，2017：43，51，58；B.LATOUR.The Pasteurizaiton of France[M].Cambridge：Harvard University Press，1988：120.

"物"性，而非相对的物质性即相对于精神性、表征着独立存在于人的意识之外的客观实在性的物质性。换言之，此"物"非彼"物"，它不是一般意义即二元对立意义上的"物"，不是作为人的一种对象性存在，或者说，它不是作为"心"的对立面、相对于"心"而存在的，而是作为"现象"、"事情"本身或"物自身"而自足即独立自存的。由此，这种"物(自身)"一元本体论或新物质主义完全回归到纯粹"物的世界"(world of objects)，它认为"物"最为重要，[①]视"物"为自在自主自为的至上"主体"(绝对主体，超越于主客二元对立意义上的相对主体)，视(普通的)物品为新的至上的偶像(fetish)，从而发展出新的"物神教"或"拜物论"。新物本论或新物质主义把"物"(质)看作一个正在进行中的"物质化"(materialization)过程，而不是某种静态的、固定的或被动的东西，等着某些外部力量来赋予其形体。[②]在这个"物的世界"里，物是"大全"，"至大无外"，"物(质)之外，别无他物"。物即一切，因而不再有"物"的本体性的对立物或对立面，不存在作为"物"的对立物/面的"心"即意识或精神，[③]一切都是"物"的产物或归于物[④]——人，亦为物所造；一切(包括自然物、人造物即技术、肉身即人)都是"物"的

---

① 针对对物质的忽视或漠视，新物质主义理论家凯伦·巴拉德(Karen Barad)不无反讽地表示："语言很重要，叙事很重要，文化很重要。就其重要的意义而言，似乎只有一件事物是不那么重要的，那就是物质。"参见：K. BARAD.Post-humanist Performativity：Toward and Understanding of How Matter Comes to Matter [J].Journal of Women in Culture and Society，2003，28 (3)：801.

② J.BULTER.Bodies that Matter：On the Discursive Limits of Sex [M].New York：Routledge，1993：9

③ 最新的科学也发现：世界本来纯然是一个物质世界，除了物质，还是物质——所谓的"意识"其实也是一种物质，而非与物质相对立的另一种存在。有一些物质或生灵能通过量子纠缠，彻底地影响我们的各种状态。

④ 媒介考古学者基特勒(Kittler)认为，"所谓软件，并不存在。"根本没有什么软件，因为在软件下面还有硬件，硬件下面支撑硬件的基础设施，还有水、电这类生产硬件的物质。参见 F.KITTLER.There is no software[J].Stanford Literature Review，1992，9 (1)：81-90.

表现形式——人类与动物、有机体（人类与动物）与机器（技术器物）、身体与非身体、非物质与物质之间的界线模糊而没有了根本的区别，所有的一切存在（自然的、社会的、物质的、人文或精神的）都整合成一个“物”的整体。就“物质性”的人类社会而言，这是一个人的物化（离身化、虚拟化、数字化或符号化）与物的人化（具身化）两个过程同时发生和进行——甚至可以说是一个过程的两个方面——的世界，或者说，是人的物性与物的人性并存和融合的世界——一个由“物化人”与“人化物”、人（生物有机体）与非人（机器或控制论的机械装置）合一、“人机一体”“人机共生”的“赛博人”，即所谓兼具生物性（肉身性）和技术性（物质性）的“赛博格”（cyborg，①“数字人”“电子人”“人机复合体”“后人类”）所组成的世界。在此，“物性”（thing-ness）即自（然）性具有了有机性和能动性而与“人性”即社会/文化性融合在一起。这种新的物本论或真正的“物（自身）”一元本体论表达的不仅是人的去中心化和被客体化（对象化或工具化），因而是反人本论（人本主义或人类中心论）的，它还表达了人的完全、彻底被物化（而不再成为物的对立面）——人是被其所关涉、遭遇和使用的所有事物决定和规定的产物（“我是谁”取决于“与我打交道的物是什么”），因而它又是一种超越或取消文化与自然、观念与物质、心智与身体的二元论（二分思维即二元对立思维）的思想。总之，新的“物（自身）”一元本体论或新物质主义不止于反人本论，而是后人本论（后人本主义、后人类中心论或后人类主义）思想。

---

① “赛博格”一词由 cybernetic（控制论的）和 organism（有机体）两个词组合而成，表示一个“技术—生物”“控制—生物体”或一种机器和有机体的混合。参见哈拉维.类人猿、赛博格和女人：自然的重塑[M].陈静，译.开封：河南大学出版社，2016：314.

二、技术(一元)存在论的兴起

在人从人类走向“后人类”的进程中,技术发挥了决定性的作用。二十世纪下半叶以来,科技不仅存在于人的周围和生活世界内,还进入人的身体,甚至侵入人的大脑/思维,从而使人类有能力将自己转换成另一种与自然进化不同的类型——具备全新的物理和生理形态的“后人类”,由此诞生了“后人类(中心)主义”。“后人类中心论”是物质本体论(物本论)的最新形态。物质本体论强调了“物”的中心性或本体论意义上的存在性及其在塑造社会文化与日常生活中的基础性地位。这“物”既不是存在于三维物理世界的、纯粹自在的纯物质性的“自然物”,也不是只具有社会性/文化性的作为社会文化的产物即“人造物”(所谓“第二自然”),而是未经主客体分化即未被对象化(客体化)的“物”本身——作为本体性的“物”,既不是对象性的具体物,也不是其他任何东西之“产物”,而是生发其他任何东西的具有先验性的先在“本源物”或“始基物”。这种兼具自然属性和社会文化属性(有机性、能动性)即社会生命(social life)的“本体物”即为技术。这种物质技术像自然一样塑造了文化、社会秩序和关系、人性及人的心理状态和行为方式,由此,形成了一种彻底的“物”(一元)本体论或“物”一元(本体)论——技术(一元)存在论或技术一元(存在)论:“在之前关于互联网这种科技的社会科学研究中,盛行一种二分法,即互联网是一个非物质的‘赛博空间’、一个虚拟世界,从而与物质世界割裂开来。这种观念一直延续至今……换一种视角来看互联网,从‘物质转向’中获取灵感,拒绝二分法,回归一元论,将自然与文化、物质与观念整合起来。”①

在技术一元存在论观照下，技术并非个体或组织使用的工具或手段，更不是没有任何自身动力的简单的、消极被动的机械或物。技术是具有“主体”性的（不是指传统主客二元对立意义上、相对于客体的相对主体，而是没有对立面的绝对“主体”。与此同时，这种绝对“主体”又不是真正意义上的真实主体，并非对真实情况的精准描述，而是一种有保留的非主/客体预设下的主体，它更多地是表征本体性及高度的主观能动性即自主自为性和自在自足性的一种隐喻修辞），构成所谓“**技术—主体**”。这是技术存在论的核心所在。技术存在论的兴起开始于反形而上学的德国现象学家海德格尔。在对“物”自身的现象学追问（一切都未被对象化、客体化）中，海德格尔指出：“物”（thing）意味着“聚集”，②每一个“物”（自身）都是自在的、让存在者得以存在的“存在”本身（而非存在者），都是向四方“存在者”敞开而把各方纳入自身之中的“四重聚集”的整体，都“同时逗留着大地、天空、诸神与终有一死者”。天、地、神、人四方在“物”中被召唤、现身出场而聚集成一个整体即“共属一体”，同时被召集、居留于“四方之纯一性”（所谓“四方域”，Geviert）中。③好比将一切都汇聚于此的“矛之尖端”或“容器”，譬如，作为“物”的壶或壶之为壶，在于它能够容纳由大地滋养的泉水或由阳光玉成的美酒，并在倾倒后解人之渴或是敬神献祭——壶将天空、大地、诸神与终有一死的人聚集起来。在此，“物”通过“物化”（Das Ding dingt，到场化：物的发生）和“近化”（使……趋近、

① J.HONDROS.The internet and the material turn[J].Westminster Papers in Communication and Culture,2015,10 (1):1-3.

② 海德格尔.演讲与论文集[M]孙周兴，译.北京：商务印书馆，2018：188.

③ 海德格尔.物[M]//孙周兴.海德格尔选集（下）.上海：上海三联书店，1996：1173.

邻近、切近)而成为一个“天”“地”“神”“人”四方在其中相互关联即四重整体以“游戏”方式相互“映射”(“映射游戏”,Spiegel-Spiel)①、汇集无间的关系网络。换言之,“物”作为“媒介”谋合、容纳、赋形、建构各方存在者,并使之交流、融入一种多元整一的存在关系中。具体言之,四方存在者及其各自所包含的更具体的存在者之间相互形成媒介性关系,其中任何一个被“媒—介”着的存在者也有可能成为另一个媒介而“媒—介”着其他更多存在者。以此类推,整个世界就成为相互“媒—介”着的网络。②在对“物”的“本性”(“物性”)追问的基础上,海德格尔进一步追问技术(作为“物”),探析其“存在性”(即“显示性”)的本质——把不显现者带到显现中来,使尚未在场的东西在场,回溯、还原其作为始源“技艺”的“产生”即“自然生成”(poiesis)意义上的解蔽涵义。显然,“技术是合目的的工具”这一“对于技术的正确的工具性规定还没有向我们显明技术的本质”③。由此,他给出了一种重现技术的源始“技艺”(technē)本质以解救现代“技术”的指引——技术(“技艺”)作为“存在”。作为“存在”的技术(“技艺”)带出天、地、神、人,使之“显现”而各处其位、各得其所,进入“自在”“自由”的“本然”“真实状态”。不过,他首先认为:“现代技术之本质是与现代形而上学之本质相同的。”④因为现代技术虽然也是一种解蔽,但其本性是“构架”或“构设”(或译作“框架”,das Ge-stell,en-framing),根本特征是“促逼”(逼索、强求或挑战,Herausforderung),即具有强制性和事先规范性。换言之,现代技术不只是人类的工具或手段,还是一种“集

① 海德格尔.物[M]//孙周兴.海德格尔选集(下).上海:上海三联书店,1996:1180.
② 单小曦.媒介存在论——新媒介文艺研究的哲学基础[J].文艺理论研究,2013(2):190.
③ 海德格尔.演讲与论文集[M].孙周兴,译.北京:生活·读书·新知三联书店,2005:5.
④ 海德格尔.林中路[M].孙周兴,译.上海:上海译文出版社,2008:66.

置”即“构架”/“座架”———一种基础性、结构性的存在。在该构架/座架下,一切存在者(包括人)都受到“摆置”(stellen)。“这种摆置摆置着人,也即促逼着人,使人以订造(bestellen)方式把现实当作持存物来解蔽。”①也就是说,这种构架意味着,按着某种规格设置架隔,并向这架隔中放置某种预订的现成存放物(Bestand)。显然,人内在、内嵌于技术。相对于人而言,技术是一种具有先验性的“先在”存在,而且对人做出“会集起来的强征(求)”,它通过“促逼”机制的结构化(体系化)作用,得以“摆置”(规定、决定)深处于其作为“座架”之下的人的性质和命运。一言以蔽之,人生来就置身于技术装置/系统中,技术促逼着人类在其设定的关系中生活,按照其先置的运作方式的要求活动,这完全由不得个人意志的自主决断和自由选择。用海德格尔的话来说:“和机器一样,工业化时代的人本身也依赖于技术关系,人与其说是利用技术,不如说是为技术所用。因而人本身成了技术体系的职员、附属、辅助,甚至是它的手段。”②以今天的媒介技术为例,社交媒体所营造的媒介化(数字化)已经成为一种现代人无法躲避和逃脱的生活方式。

“‘这个世界’是如何展开的,通过什么来展开的呢? ……技术是展开世界的方式。”③“技术是揭示(展开,entbergen)(实在)的一种方式(模式)。”在技术一元存在论观照下,技术既是让世界来照面(出场、显现)的解蔽方式,同时也是遮蔽世界的“座架”。这是因为,技术是一个整体、一个系统,它以自身的逻辑统摄、范导万物,渗透、作用于

① 海德格尔.技术的追问[M]//孙周兴.海德格尔选集(下).上海:上海三联书店,1996:938.
② 曾国屏等.赛博空间的哲学探索[M].北京:清华大学出版社,2002:87.
③ 吴国盛.技术哲学讲演录[M].北京:中国人民大学出版社,2009:174.

人、自然、组织机构和社会制度,并协调、调整着人与世间万物的关系。技术(决不是单纯的手段)"总是决定了人与事物、自然和世界处在什么样的关系中",或者说,"在现代技术中隐藏的力量决定了人与存在着的东西的关系。"①换言之,技术以整体性的形式存在并联结人类社会中的每一个个体,决定着人与时间、空间、其他个体及物质世界的所有关系,因此,它已经成为人类生产、生活的环境与基底,甚至连人的思想观念和记忆均由技术来保障与调节。其中,人身处技术所营建/造的环境之中,"人的位置就在这个技术整体之中,在各类物体配合运作的有机组织之中。"②其中,人的观念和行为、思维方式和生活方式受制于技术环境,因技术的变革而重构。

最后,应指出的是:所有的"技术"都是"使用中的技术"(technology-in-use)。人们不关心"技术是什么"(what a technology is),而只关注"技术使人们做了什么"(what a technology allows people to do)。在技术(一元)存在论的观照下,技术不仅是处于生活实践世界里的技术,处在特定社会历史情境里的技术,而且本身就是实践——制作活动(广义的,不限于物质现实的生产),它构成实践甚至成为实践的全部。由此可见,技术本身并不只是被视为某种静态的、固定的或被动的、等着某些外部力量来驱动的"物",而是一种表现为技术生产或再生产的实践活动即"技术实践"③。因而,技术不仅仅是

① 绍伊博尔德.海德格尔分析新时代的技术[M].宋祖良,译.北京:中国社会科学出版社,1993:63,19.

② 斯蒂格勒.技术与时间:爱比米修斯的过失[M].裴程,译.南京:译林出版社,2000:79.

③ 最为典型的是,福柯的权力(或规训)技术观视技术为权力的操演、行使、展示和实现的手段,是话语知识生成权力的路径:现代技术的典范是"权力干预、训练与监视肉体的技术,又是制造知识的手段",因而是一种技术实践或技术慚作。参见福柯.规训与惩罚[M].刘北成,杨远婴,译.北京:生活·读书·新知三联书店,1999:387.

在人类日常生产生活实践中被使用的技术而具有实践性，它本身就是实践——“技术实践”（技术即实践）。鉴于技术（而非人）是实践的主体，“技术实践”就是技术自身的实践，而不是传统所谓的“人类实践”。它并非“人的行为”、人的实践，亦非为人的“与技术相关的实践”（technology-related practices）或使用技术的实践，而只是关涉人的实践。完整地说，技术实践就是由技术（而非人）主导、人只是参与其中而被“成就/造就”的实践。因此，技术存在论又可称为“技术实践存在论”。鉴于技术即媒介（形式或“物”本身），技术实践存在论乃媒介实践存在论的一种特殊表现形式。

第五节　西方媒介思想转向的身体存在论基础

在西方思想文化的发展历程中，从柏拉图、奥古斯丁经由笛卡尔到黑格尔，西方哲学在身（肉身、身体）心（心灵、灵魂、意识、精神）二分、二元逻辑即主客二元对立的二元（本体）论基础上逐渐形成了一种“以主（体）为本（体）”的心本体论即主体性哲学传统。在此过程中，身体一直遭遇贬抑而被排除在心本体论支配下的人道主义传统（虽然生命即身体的性感和美感得到了部分地赞美和张扬）之外，形成了一部肉身被压制、贬损、禁锢、遮蔽和遗忘的身体受难史。直到黑格尔以后，西方文化才重新发现了身体，哲学思想才出现了肉身、身体的转向，从心本体论（“心本论”）或身心二元本体论转向身体本体论（“身本论”），进而转向“身”一元本体论即身体存在论——一种新的“‘身’本体论”或“‘身’本论”。

一、身体存在论的缘起

“社会科学经常忽视了人类最明显的‘事实’，即人是有身体的，是体现于身体的。”①肉身或身体化的转向（“身体转向”）开启于后黑格尔时代即十九世纪、二十世纪之交尼采的生命意志主义。尼采让“缺席的身体”再次“出场”，世界因此而回归此岸世界。从很大程度上讲，所谓“生命意志主义”就是“身体/肉身”主义，因为它把肉身视为意志（表征为本能冲动、驱力和激情）的基础、表象，意志的载体或容器，进而视为意志的化身即意志本身。生命意志主义在西方哲学史上首次“发现”了身体的存在——被贬损、抹去而缺席了数千年的身体/肉身终于到场了，而且是作为世界的本体到场的，从而将身体提升到本体论的层面。长期以来，人们总是将自身分成身、心两个部分，而且认为“心”（心灵）是主导者，而“身”（身体）是遭受“心”的驱使的生理实体，或者说，不过是“心”的意识活动力求克服的客观障碍。尼采则拒绝了“灵魂假设”“主体假设”和“人是理性（甚至神性）的动物”的形而上学假设，其生命意志主义让长期遭受意义压制和精神宰制的身体摆脱“心”之牢笼的束缚，首次把作为生命（意志）之根基、感性和动物性（兽性）之基础的“身（体）”凸显——“解放”出来，并置于世界的中心位置——唯有身体才是最本源、最实在的存在（是思想与情感后面的强有力的“主人”，而意识、心灵、灵魂和精神则都只是身体的“发明”“（派生）工具”“玩具”而已。这种作为意志主体的具身的“身体”

① 特纳.身体与社会[M].马海良，赵国新，译.沈阳：春风文艺出版社，2000：320.

取代了笛卡尔式的离身(dis-embodied)的意识主体(理性、思想主体或精神主体),它并不是意识主体的所属物,它没有主体,它自身就是主体,它是自主自为、自在自足的。基于此,尼采认为身体是一种基础性的本体(主体:“君主”“智者”“自我”),他强调:“我完完全全是身体,此外无他。”①也就是说,没有所谓独立的“思想”,因为身体本身就是“比陈旧的‘灵魂’更令人惊异的思想”。人即身体,自我即身体。身体是一切事物的起点,同时是世界的中心,人类一切活动围绕身体而展开。一切从身体出发,一切“要以身体为准绳”②,万事万物都要接受身体的检验,所有的行动都要以身体(而非意识或精神)为凭据和基础,要以身体为终极根据和意义的源泉来观照、解释、评估、生产和创造世界的一切。整个世界(包括知识、真理)本身无非都是身体的透视性(直观或直觉地、非再现式、非深度、非抽象、非基础主义)解释的产品(唯一经验地产生于身体的快感或疼痛、欢乐或苦楚……而不是源于意识)——一切都是身体的产物。③身体是我们通向世界并与世界打交道的唯一通道、中介,我们通过身体定义自己和被别人定义,我们通过身体知觉世界和被世界所知觉。这就是尼采的身体决定论,而且是身体一元决定论——身体(一元)本体论(“身体一元论”),它超越了传统关于身心即身体与心灵对立性存在的主客二分/二元对立的主体性哲学,因而不仅是反人本论(或人本主义)的,而且是后人本论(或人本主义)的。继尼采第一个发现身体之后,本体性的身体或身体的本体性不断彰显。以弗洛伊德和拉康为代表的精神分析学家发现

① 尼采.苏鲁支语录[M].徐梵澄,译.北京:商务印书馆,1997:37.
② 尼采.权力意志:重估一切价值的尝试[M].张念东,凌素心,译.北京:中央编译出版社,2000:37-38.
③ 汪民安.身体、空间与后现代性[M].南京:江苏人民出版社,2006:56-57.

了处于欲望中的身体，将身体的性本能和欲望看作社会存在的根基及人类文明发展的动力。后结构主义者进一步从尼采的身体出发，在攻击主体（意识或自我）的过程中，发掘出身体的决定性、实践性和生产性来。[①]譬如，巴塔耶在对色情这一身体的非理性自然冲动的迷恋中张扬了身体对人的决定性规定。德勒兹认为身体就是力本身（而非力的表现形式、场所、媒介或战场）和欲望本身，把它看作一部积极地生产、创造现实的巨大欲望机器，创立了欲望一元论。福柯认为整个社会的实践内容和组织形式都围绕着身体而展开角逐，都将身体作为一个焦点，都对身体进行精心规划、设计和表现。由此，整个人类历史在某种意义上只能是身体的历史，历史将它的一切痕迹纷纷铭刻在身体上。罗兰·巴特将阅读视为个体性的身体行为（身体与身体之间的展演和色情游戏）和个体快感（或性感、趣味）的生产和享用行为。[②]基于此，他认为，源自身体的习惯和爱好才是个人性的标记，因为人的决定性基础（要素）在于身体，人与人之间的差异性就在于“我的身体与你的身体不同”[③]。也就是说，人的差异性所在并非“思想”“意识”“精神”，而是身体，都铭刻在身体上。此外，戈夫曼提出日常生活中自我呈现和展演的身体，布尔迪厄提出身体实践（习性）等。对此，列斐伏尔总结说：“位于空间与权力的话语的真正核心处的是身体——是那个不能被简化还原和不可颠覆的身体。”[④]近期，媒介学者彼得斯将身

---

① 当然，对身体的重视同样也表现在对身体的被动性、消费性和中介性的关注和定义上，譬如，福柯提出的“知识—权力”驯服作用下的身体、费瑟斯通提出的被消费的身体和埃利亚斯提出的作为文明化中介的身体、吉登斯提出的作为“结构—行动”中介的身体等。

② 汪民安，陈永国.身体转向[J].外国文学，2004(1):40-43.

③ R.BARTHES.Roland Barthes by Roland Barthes[M].New York:Hill and Wang,1977:117.

④ H.LEFEBVRE.The Survival of Capitalism:Reproduction of the Relations of Production[M].London:Allison & Bushy,1976:89.

体视作“人类最根本的基础设施型媒介”,并再次强调在网络社会中活生生的肉身在场“永远不会失去它的魅力”①。

二、身体(一元)存在论的确立

在西方思想文化的肉身化转向和身体存在论确立的过程中,法国现象学家梅洛-庞蒂发挥了至关重要的作用。梅洛-庞蒂将胡塞尔的意识现象学彻底转换为身体现象学。他基于“还原”(“悬搁”“加括号”)的现象学方法论,通过严格的哲学本体论论证,让“身体”彻底瓦解、摆脱身心二元论或二分法的桎梏,确立起真正、彻底的身体一元本体论——身体一元论。此“身体”非彼“身体”,它不是一般意义即“身”“心”二元对立意义上作为“心”的对立面的“身体”,而是一元论意义即“身”“心”一体意义上的“身体”——作为唯一“现象”(“事情”)本身或“物自身”的“我”(心)—“物”(身)统一体。这个统一体既是认识活动的主体(“我”或“心”),又是被作用的客体和被认识的对象(“物”或“身”),或者说,它既是显现的主体,又是被显现的对象。抑或,它既是“我”的承载者,又是“我”所经验和经历的对象。②基于此,他提出了“**身体—主体**”(body - subject)③概念,其具身化(embodied)的主体观明确了身体就是“主体”——而且是绝对主体(而非传统主客二元对立意义上、相对于客体的相对主体),或者说,身体

① 彼得斯.奇云:媒介即存有[M].邓建国,译.上海:复旦大学出版社,2020:290,301,302.

② 梅洛-庞蒂.知觉现象学[M].姜志辉,译.北京:商务印书馆,2001:538-540.

③ 此处的“主体”不是传统主客体二元对立意义上的主体,或者说,并不是真正意义上的真实主体,而更多地是一种隐喻修辞。它表征和强调的是身体的本体性、中心性和能动性即自主自为性及自在自足性。正是从这个意义上说,身体主体论即身体存在论。

具有绝对“主体”性，获得了自主自为性，因而具有了存在论上的优先地位。这种“身体—主体”取代了传统笛卡尔式“身”“心”或“心”“物”二分或二元对立中作为“心”的“我思主体”即意识主体（理性主体、思维/思想主体或精神/灵魂主体），也取代了作为“心”的对立面的“身”即身体。这种“身体—主体”揭示了一种新的亲身在场的具身化即感性而具体化的“主体”性（embodied subjectivity，不同于现代笛卡尔式的离身、抽象、理性的、纯粹意识的主体性，它不排除主体的非理性和无意识表现及其一切变动不居的历史经验）。显然，这种作为“主体”的“身体”既不是纯粹生物学意义即经验层面上的物理形式——肉体/躯体（实体），也不是超验层面上即逻辑（推理）意义上的抽象的理性建构/虚构物，而是一种既源于经验又超越经验的先验性存在——“现象身体”（“意向性身体”“构成性身体”“情境/境域化身体”“场域化身体”或“身体场”、原初身体性状态）①。它是一种在身体的知觉中呈现世界本来面貌的“显现”（“现象”）或存在本身。换而言之，由梅洛-庞蒂现象学还原出来的作为现象或“存在”的身体是介于广延实体与思想实体、肉体与心灵、物质与意识、自在与自为、主体与客体之间的一种居间存在——一种含混、模糊和暧昧的境域性地带。由此，传统主体性（意识）哲学中作为理性主体（“心”“意识”）对立面的实体性身体被置换成了主客（身心）融合的、整体的、联系的、处于情境/境域中的在世“存在”的身体。②

“身体—主体”不仅是一个说明“人”的概念——我们“人”就是我

① 梅洛-庞蒂.知觉现象学[M].姜志辉，译.北京：商务印书馆，2001：300.

② 在中国古典哲学中，人并非被看作灵肉对立，而是被视为一个整体的身心互涉交关的过程。参见安乐哲.古典中国哲学中身体的意义[J].世界哲学，2006(5)：49-60.

们的身体(所谓“身,自谓也”,也就是说,“我”即“身体”,“身体”即“我”:作为“身”之“我”取代了作为“心”之“我”),而不是纯粹客观的身体与纯粹主观的意识(心灵)的外在结合;而且被赋予了本体性内涵(意义)和本体论地位,身体因此而成为一种本体/现象性的存在——唯一的本体/现象性存在(不存在与身体相对的另一种本体——心灵,也就是说,不再有“身体”的本体性的对立物或对立面即“心”的存在),具有绝对的自足性即独立自在、自主自为性。如果没有身体,我们就不可能存在,因为我们只能在我们的身体中发现我们的意识、经验、生活、知识、意义及身份,并且它们存在于我们身体的始终。①由此,形成了身体一元本体论(不只是颠倒笛卡尔式的身心二元本体论等级秩序,还会彻底瓦解和超越其二元论框架结构本身)。这种兼具“主体”性和本体性的“身体(主体)”,就是一切,它是“整体”“大全”“全部”,是“至大无外”的——可以说,“身体之外,别无他物”。身体一元论同时也是身心一元论,因为作为“主体”或“本体”的身体,不是作为人的一种对象性存在,不是心灵/灵魂的对立物,或者说,不是作为“心”的对立面、相对于“心”而存在的,而是自足即独立自存的。这个作为“一”的身体是灵魂和身体的结合体即“身”“心”合一(一体)——肉身化的意识或意识参与下的身体(所谓“精神化的身体”或“具身化的精神”):“灵魂和身体的结合每时每刻都在存在的运动中实现。”②换言之,心灵(灵魂)的根源在于身体,而不止寓于身体之内——它本身就是身体,与身体相同一。这同时也消除了心灵(灵魂)或意识(精神)的独立自在(自足)性。人正是以身体(而非意识或心灵)和人类

---

① 普里莫兹克.梅洛-庞蒂[M].关群德,译.北京:中华书局,2003:20.

② 梅洛-庞蒂.知觉现象学[M].姜志辉,译.北京:商务印书馆,2001:125.

身体所特有的生理结构向身体以外的空间环境(包括自然和社会)扩展和延伸,介入(嵌入)世界(环境)中,构成了一个"身体—主体"与世界(环境)在其间"对话"的"知觉"境域(实为"身体—主体"置身其中的生活世界,而非摆在其面前的有待认知的客观世界)。现象学意义上的"知觉"是一种体验——"知觉体验"(而非感觉经验,并非通过越出身体内在性的障碍来体验外部世界),是身体知觉/体验——身体的知觉体验即身体以知觉体验为表征。(具身)"知觉"属于"存在论"范畴,而非认识论意义上的(一种非认知、前意识、前反思、前概念/理论或前逻辑的内在经验/体验状态)。更为彻底地说,它甚至也非生存论意义上的(一种非人的经验或体验,超越了属于人的一切理性和非理性、意识和前意识等对立性要素)。有鉴于此,在知觉中,世界不是意识的对立物或认知或体验的对象,而是"身体—主体"的对应物、映射物或镜像物。在相互对应、"对话"或互动过程中,作为"身体—主体"(即知觉具身化的主体)的人与世界(环境)始终处于境域性动态互构中,相互隶属、相互构成、互为表里、彼此开放和映照而融合为一。在此"身体—主体"以知觉向世界(环境)敞开而被外在化("物化"),而世界(环境)向知觉显现而被内在化即"肉身化"(incarnation)——世界既不被给予,也不是被创造的。①由此,身体的结构与世界的结构之间具有一种内在的关联——身体在领会着世界的意义的同时也持续不断地生成着世界的意义。可见,在身体存在论的观照下,身心及其周围环境(情境、处境)不可分离,作为"身体—主体"的人总是与世界处于境域性动态互构中。也就是说,不仅"身体—主体"(身)与意识(心)

① 赵敦华.现代西方哲学新编[M].北京:北京大学出版社,2001:150-151.

是一体("二合一")的,而且与"身体—主体"(身)、意识(心)与世界(物)原本也是一体("三合一")的,因而,它既超越了笛卡尔主义的身—心二元(对立)论,同时又超越了笛卡尔主义的心—物二元(对立)论。

作为现象学还原的产物,身体是最先在、最本源的,因而是"存在"的基础。身体始终是处于生活世界内即刻被体验到的"活生生的、积极的创造物",是我们存在于世的所有意义的给予者。质言之,身体无法还原到物理意义上的躯体(肉体),亦无法拔高到灵魂和思想,因而不再是笛卡尔所谓的自在的广延实体,也不与自为的思想实体相对立,而是意义的纽结和发生场,是以意义发生的结构场的形式存在的。①在此,身体的存在性正是身体在世界之中存在的展开方式,由此,身体才成其为身体。同时,身体将整个世界包容在自身之中,它的存在就展开为这一世界的世界性。

最后,在身体存在论的观照下,身体并不只是处在特定社会历史情境、生活实践世界里的身体,其本身就是实践。也就是说,身体并不是一种生物性的静态而被动地等着某些外部力量来驱动的肉体,而是一种表现为身体与物和物质性非物进行持续互动的身体生产或再生产的实践活动——身体即实践("身体实践",也可以说是"修身""安身""以身体之""体之于身")②。因而,身体不仅仅是因为在人类日常生产生活实践中在场或被利用而具有实践性,它本身就是实践——

① 张祥龙.现象学导论七讲:从原著阐发原意[M].北京:中国人民大学出版社,2011:287-289.

② 在中国传统文化里,"身体"本就不仅仅是名词,同时也是动词——"身'体'(活动)",因为"身体"之"体"既有名词之意,即形体、身体,又有动词之意,即体察、体认、体会、体验、体悟或体证等活动。中国人所理解的"身体",是"身"与"体"的结合,因而,并非只是人的外在躯体,还有领会、体察、体验之意。参见欧阳灿灿.当代欧美身体研究批评[M].北京:中国社会科学出版社,2015:3.

“身体实践”。鉴于身体(而非人)是实践的主体,身体实践就是身体自身的实践,而不是传统所谓的“人类实践”。它并非人的实践,非为人的“与身体相关的实践”(body-related practices)或身体在场或利用身体的实践,而只是关涉人的实践。完整地说,身体实践就是由身体(而非人)主导、人只是参与其中而被“成就/造就”的实践。因此,身体存在论又可称为“身体实践存在论”。鉴于身体即媒介(形式或“物”本身),身体实践存在论乃媒介实践存在论的一种特殊表现形式。

第三章　当代西方媒介存在论的理论形态

在当代西方，传播理论异彩纷呈，其中研究媒介的理论（主要包括媒介学、媒介环境学、媒介考古学和媒介化理论等）的发展尤为显著。可以从多重角度、多个层面来解读这些媒介理论。从哲学本体论的角度和层面看，这些媒介理论基本上都是属于媒介存在论的，它们是媒介存在论的诸种理论表现形态。

第一节　媒介学的媒介存在论思想

伴随着人类媒介技术的蓬勃发展，日新月异的信息手段和传播终端日益嵌入社会历史文化的变化中，成为我们日常生活的有机组成部分。由法国媒介哲学家雷吉斯·德布雷（Régis Debray）所开创的集中探讨媒介——更准确地说，媒介化（médiation/mediation）——现象的媒介学应运而生。在西方媒介观念的发展历程中，媒介学处于枢纽位置，发挥着承前启后的作用。

一、媒介学的理论内涵

所谓"媒介学"(médiologie/mediology),就是关于观念、思想、精神、话语或象征意义系统如何通过"媒介化"(中介化,即观念通过媒介展现为现实力量的物质化过程)转化成社会运动、事件或事物/实体等物质性力量的学问。[①]"媒介学自认为是媒介化的学问,通过这些媒介化,一个观念成为物质力量。"[②]

也可以说,媒介学也是探讨物体如何承受情感投资直到作为"主体的一个组成部分"而生存的学问。[③]换言之,媒介学研究精神的媒介化(物质化),探讨思想、观念的被媒介化(mediated)、被物质化(materialized)、被实体化、被工具化、被现实化(realized)抑或被"外化"(externalized)的过程,同时也研究物质(媒介)的精神化,探讨物质技术的被观念化(idealized)、知识化抑或被"内化"(internalized)的过程。总之,媒介学既是关于"道成肉身""观念转化为力量"或者说精神如何转化成物质的学问,又是关于媒介技术的精神影响即物质如何转化为精神的学问。

媒介学立论的原点是"一切技术都是媒介",其出发点是揭示(媒介)技术与文化(价值)的关系,其核心问题是(媒介)技术与文化(价值)之间的互动关系,即(物质)技术系统(包括社会组织)与象征(意义)系统之间如何建立一种社会契约关系。一方面,"精神的物质(媒

① 德布雷.普通媒介学教程[M].陈卫星,王杨,译.北京:清华大学出版社,2014:96.
② 德布雷.普通媒介学教程[M].陈卫星,王杨,译.北京:清华大学出版社,2014:3.
③ 德布雷.媒介学引论[M].陈文玲,译.北京:中国传媒大学出版社,2014:98.

介)化”,即象征系统或抽象理念如何借助(媒介)技术手段酝酿、组织起社会群体运动;另一方面,“物质(媒介)的精神化”,即新的媒介形态的出现如何引起象征世界的断裂(因为“不同的机器领域就有不同的精神领域和不同的思想性质的状态”①),一种新的媒介形态对社会文化现实的构建又是如何可能的,以及媒介在被使用的过程中如何潜移默化地影响人们的文化态度、观念和精神行为。在此,媒介学强调,媒介(系统)“不仅是一个容器,也是一个酵母”,可以被看成一个能够生产信息的“文化基因”②。“……一张餐桌、一个教育系统、一杯咖啡、一个教堂里的讲道台、一个图书馆的阅览室、一个油墨盒、一台打字机、一套集成电路、一间歌舞剧场、一个议会都不是为‘散播信息’而造的。它们不是‘媒体’,但是它们作为散播的场地和关键因素,作为感觉的介质和社交性的模具而进入媒介学的领域。没有这些各种各样的渠道,各种各样的‘意识形态’就可能不会有我们所了解的社会存在。”③譬如,作为媒介,图书馆可以让人们阅读,同时也能够召集人来写作和进行传承活动,实现代际间的文化传承和交流。由此,媒介学认定:不能把思想(文化)与材料(媒介)对立起来。文化(意义、象征、神话系统)同(媒介)技术不可分离,文化始终与(媒介)技术捆绑在一起,并由(媒介)技术所形塑和型构。“我们不能将一个思想活动同那些使这个思想活动成为可能的记录、传承和存储的技术条件分开。”④“在特定的物质和技术条件下,载体、关系和运输手段担保思想在每个

① 德布雷.普通媒介学教程[M].陈卫星,王杨,译.北京:清华大学出版社,2014:264.
② 陈卫星.媒介域的方法论意义[J].国际新闻界,2018(2):10,13.
③ 德布雷.普通媒介学教程[M].陈卫星,王杨,译.北京:清华大学出版社,2014:4.
④ 德布雷.普通媒介学教程[M].陈卫星,王杨,译.北京:清华大学出版社,2014:201.

时代的社会存在。"①"思想只有通过物质化才能存在，只有通过流露才能持久。"②"精神只有通过在一个可感知的物质性（话语、文字、图像）中获得实体，通过沉淀于一个载体之上才能作用于另一个人。没有这种客观化或发表，任何思想都不能成为事件，也不能产生俘获力或抵消力的作用。一个没有办法去让他人知道的看法就不再是一种危险。我的思想只有在成为可见、可听或既可见又可听的时候才与政权有关。为此，它需要获得印刷、复制和传播的物质手段。"③归之，观念自身并不能引领世界，本身并不会"发热发烫"，而是拥护观念的人使其"发扬光大"。④ "没有一种价值的创造不是物体和行为的产物或是再循环；没有一次思想运动不是人力（朝圣者、商人、殖民地移民、士兵、大使）和物力的运动；没有一种新的主观性不带有新的记忆工具（书籍、国歌、徽章、像章或建筑物）。"⑤同样，通过媒介，一个被称为作家的个体才能将其头脑中非物质的东西变成可移动、可转让、在你手中可触摸的物体。也就是说，脱离器物、机器的纯粹的、赤裸裸的意识或精神是不存在的；缺少物质性力量的思想运动是不可想象的。这就表明，有待被媒介化、物（质）化、实体化或现实化（外化）的精神（思想）并不是一种绝对先在、既定、现成的实体，而是一种被媒介技术所构建的生成物。譬如，作为精神形态的记忆或观念在被媒介化的过程中被媒介所构建，因为媒介在传递记忆、表达观念、实现思想意识的同时建构了记忆、观念和思想意识。概而言之，精神的物质（媒介）化过

① 德布雷.普通媒介学教程[M].陈卫星，王杨，译.北京：清华大学出版社，2014：7.
② 德布雷.普通媒介学教程[M].陈卫星，王杨，译.北京：清华大学出版社，2014：70.
③ 德布雷.普通媒介学教程[M].陈卫星，王杨，译.北京：清华大学出版社，2014：364-365.
④ 德布雷.媒介学引论[M].陈文玲译.中国传媒大学出版社，2014：213.
⑤ 德布雷.媒介学引论[M].陈文玲，译.北京：中国传媒大学出版社，2014：11.

程同时是一个物质(媒介)的精神化过程。而且后者比前者更为凸显。正因此,在(媒介)技术与文化的互动关系中,(媒介)技术比文化更具有决定性的意义,“机器(技术)决定节目(内容)”“(技术)手段压倒(文化)目的”,也就是说,形式决定内容,路径重于目标。①正如感知现象学家梅洛-庞蒂所言:人所感知的东西(信息)取决于被感知的方式和被描述的方式;②而我们感知和理解周围世界的方式,又基本上取决于我们手中正拿着什么样的工具。正是从这个意义上,可以说,指向月亮的手指比月亮重要。③媒介学不关心“月亮”的大小、真假,上帝是否存在,观念是否有效,它通过“向下看”“向后看”关注观念的传播轨迹和扩散过程——媒介学关心传播媒介或方式即如何传播甚于关心所要的传播内容即传播什么。正如决定法国大革命成败的是各种技术性的组织手段(整个符号生产—流通—存储体系),而非启蒙时代的思想或主题(教条、话语或原则)。由此,媒介学把“脑”对“手”的关系翻转过来,德布雷指出:回到社会历史中去,追溯从“共产主义宣言”到“国际共产主义体系的建立”、从“马丁路德在教堂门口贴下的15份论文”到“点燃欧洲的宗教战争”,“一个世界的新形式能够改变这个世界的状态,而不仅仅是人们对这种状态所抱有的想法。这就是媒介问题的最终研究对象以及它存在的首要原因。”④换言之,正因为某些重要的事情是通过物质发生的,所谓“言语震撼了世界”“思想改变了一个时代”的背后,则是物质性力量的推动。有鉴于此,媒介学希望通过探析一种观念如何通过形式产生物质性的力量,从而将意识形态“去

---

① 德布雷.普通媒介学教程[M].陈卫星,王杨,译.北京:清华大学出版社,2014:30.

② 普里莫兹克.梅洛-庞蒂[M].关群德,译.北京:中华书局,2003:20.

③ 德布雷.普通媒介学教程[M].陈卫星,王杨,译.北京:清华大学出版社,2014:30.

④ 德布雷.媒介学引论[M].陈文玲,译.北京:中国传媒大学出版社,2014:118.

观念化”，以“越过思想历史来研究思想的接替过程和载体”①。由此，人类与其聚焦于社会思想，不如更多地关注媒介即“社会思想的结缔组织”②。总之，在媒介学看来，人类的未来不再寄托于精神（内容）本身，而将维系于精神（内容）的物质化——二十一世纪会是文化的技术媒介化的世纪。③正是从这个意义上说，媒介学会随着时间的流逝而越来越年轻，作为一门学问大有前途。

媒介学关于技术与文化之间互为条件，相互作用、规定和制约（conditioned）的互动关系的思想立场集中体现在媒介生态学的观点上。基于“一切技术（媒介）都是环境（生态）”即媒介与生态的同一性——一种媒介技术造成并意味着一个人类社会生态即环境系统，所谓“媒介生态学”（Media Ecology），就是关于“媒介生态”的学问——媒介作为生态系统的学问。完整地说，媒介生态学是关于媒介作为思想/文化所处的生态环境的学问。因而，它又被称为关于思想/文化环境的“生态学”，它研究象征现象与物质技术环境之间的互动关系。④在思想/文化与媒介环境“共在”的前提下，一方面，“思想/文化生态/环境”一说表明“精神的物质（媒介）化”：在本体论上，思想/文化具有相对于其所处的环境（即媒介）的本体性（本原性、本根性或根本性）、独立性和先在性——思想/文化本体论（或精神本体论，以思想/文化为主“体”或本“体”、以媒介/环境为功“用”或工具，因而是媒介工具论的）——虽然作为“用”的媒介/环境是作为“体”的思想/文化赖以

① 德布雷.媒介学引论[M].陈文玲，译.北京：中国传媒大学出版社，2014：121.
② 德布雷.媒介学引论[M].陈文玲，译.北京：中国传媒大学出版社，2014：31.
③ 德布雷.普通媒介学教程[M].陈卫星，王杨，译.北京：清华大学出版社，2014：30.
④ 德布雷.普通媒介学教程[M].陈卫星，王杨，译.北京：清华大学出版社，2014：267.

生存(存活)和发展(传承)的先决条件,其实质依然是"精神至上"的唯心主义(人本主义或人本论)的。正因此,媒介学以"超越媒介,回归人文"即人类文化传承为研究的最终目标指向,但另一方面,"思想/文化生态/环境"同时又表明"物质(媒介)的精神化":在方法论上,(媒介)环境具有相对于处于其中的思想/文化的本位性(核心/中心性或关键性)和先决性——媒介本位论(媒介中心主义,以媒介/环境为研究的中心)。概而言之,媒介生态学完全是研究媒介、以媒介(生态)为研究出发点、围绕媒介(生态)来展开研究的学问。在媒介生态学观念下,由于脱离物质技术环境(媒介),象征现象(思想/文化)是不可能存在的,也就是说,相比于思想/文化,作为思想/文化赖以生存和发展的生态环境的媒介更为核心和关键,更具有某种本体论意义上的优先性、决定性的意义,因而具有某种程度上的本体意义和倾向于本体论地位,也因而带有媒介本体论色彩。如果进一步来看,鉴于媒介学是从"物"(自身)的角度——从积极、能动的"物"的角度——来理解世界和人类社会,它不仅是唯物主义的,而且是一种新唯物主义(物质主义)即新的"物"本论——媒介存在论。

法国大革命要归功于"印刷术这个卓越的发明和邮局的建立,因为它们永久地保证了思想的传播,使得暴君以往能够成功的诡计不再可能成功"①。也正是"书籍创造了舆论,书籍让光明深入社会的所有等级,消耗了控制我们的成见"②。媒介学固然强调媒介技术对社会历史文化传承和发展的重要性,甚至具有决定性的作用,因而有着技术决定论的倾向,但媒介学并未因此而陷入完全意义上的技术决定

---

① 德布雷.普通媒介学教程[M].陈卫星,王杨,译.北京:清华大学出版社,2014:201.

② 德布雷.普通媒介学教程[M].陈卫星,王杨,译.北京:清华大学出版社,2014:201.

论。首先，就“媒介”本身而言，媒介学意义上的媒介不能被单纯看成一个对象物或客体，而是一种社会文化生成的方式——一套“物（自身）”的言说系统，它将各种环境（包括物质环境和制度环境）要素纳入“媒介”的体系当中。因此，“媒介”在构成要素上具有双重属性，或者说，媒介是一体两面的：一方面，作为“物质媒介”，媒介具有技术属性，媒介是“使符号具有效力的途径与工具”，是符号与物质载体的统一体。“媒介技术”即信息传递技术，更准确地说，首先是一种技术设备系统——设备—载体—方法系统的集合体系（而非仅指信息的传送工具、孤立的物理机制或物质实体），属于组织性的材料（物质）层面（MO，matière organisée；material of organization），它旨在实现空间上的信息传播（communication），譬如书籍、雕像、建筑、电视、电脑等承载信息的“工具”、“传播的机器”或物质载体；另一方面，作为“社会媒介”，媒介具有社会（文化）属性，“媒介—（中介）环境系统”即生产和组织媒介的社会关系网络（制度化的组织机构），属于物质性的（社会）组织（结构）层面（OM，organisation matérialisée；organization of material），它旨在实现时间上的象征系统的传递、传承（transmission），譬如学校、教会、俱乐部、沙龙、社团、出版商等制度配置。每一个有形的介质背后都存在赋予该体系意义的无形宏观网络（譬如，书籍、日报与公共图书馆和国民教育相分离）。媒介是“组织性的材料（物质）”和“物质性的组织”——技术（媒介）与政治（社会制度）——的结合体，两者的整合互动构成了现实传播情境中的媒介形态。[1]而且，从时空偏向上看，媒介学强调媒介自身的时间属性，主要是对（观念或文化）在时间

[1] 德布雷.媒介学引论[M].陈文玲，译.北京：中国传媒大学出版社，2014：131.

中的“传递”或传承的研究，关注于媒介技术与人类文化、文明的保存、延续之间的关系，关切人类这一生物物种的未来终极命运。换言之，媒介学更看重时间的历史性、历时态的象征（意义）传承，而不是共时态的信息传播。因此，对媒介学来说，媒介的社会属性比技术属性更为根本。可见，媒介学意义上的“媒介”并非脱离其生长和作用的特殊社会历史情境和社会权力关系的完全中性的技术“中介”，而是具有价值负荷即社会意识形态偏向、受权力逻辑支配的媒介。其次，就“决定”而言，正是这种媒介的双重属性决定了媒介技术对文化的作用或效用（因果关系）是有条件的和有差异性的，因为其对文化的决定作用的发挥不仅取决于其技术属性，同时也受制于其所处的社会制度环境，要以社会制度为中介。也就是说，媒介技术确实发挥社会运行的发动机的动力作用，但作为动力源的硬件设备能否发挥作用，其动力机制还受到生产组织它们的社会关系和社会条件的制约。这是因为，技术变化会引起相关技术领域专门从业者、知识机构或相关团体与其所处的社会政治制度层面的宏观环境相作用，使之在社会权力博弈中产生力量偏移，进而引发其在社会地位意义上的变化。由此，在不同的社会制度环境下，同一媒介会以不同的方式传承记忆和表达思想文化，产生不同的传承和表达效应。最后，媒介技术（形式）与信息（内容）是不可分割的，实为一个互相依存的整体，既没有不依赖媒介的信息，也没有不承载信息的媒介，因而不存在谁决定谁的问题。而且，更为根本的是，媒介技术与文化之间并不是一种单向线性的因果决定关系，而是一种双向互动、相互作用和相互决定的互为因果的关系。也就是说，一方面，媒介技术型构、形塑文化，而另一方面，文化规定、支配媒介技术的表现形态及其媒介化、物质化的过程、方式和路径。可见,充其量说,媒介学的媒介思想是一种有保留的、有限或温和的媒介技术决定论,或者说,是一种弱的媒介技术决定论。

二、媒介学的媒介思想取向

如前所述,德布雷(媒介学)对"媒介"的理解与阐释突破了以往以技术为主导,从外在物质形态或静态组织结构对媒介进行界定的固有框架,强调从关系(而非技术或物件)的角度来看待媒介。因而,媒介学就是研究关系方面的东西而不是研究物体。①为此,媒介学强调媒介自身时间属性,并将由人构成的组织机构纳入媒介研究,突出了媒介在实现观念共享和社会融合方面的功用与价值。②

可见,在技术(物质)与文化(意识)之间,媒介学更倾向、倚重于技术一方。因为媒介学认为:不是观念改变物质、引领世界,而是物质改变观念、驱动世界;不是精神启发身体,而是身体启发精神;不是文化形塑文化生态(即媒介技术),而是文化生态形塑文化。总之,媒介学更看重时间的物质性而非精神性。正如德布雷所认为的:自古希腊以来,"一切与本质有关的事物都与技术无关"的古典人文传统,使得"文化或政治生产的工具常常被排除在这些生产之外",人类的精神意志以理性之名被逐渐神圣化,与之相对的技术工具和技术体系则作为表达和实现思想意识的外部工具不断受到诅咒、压制和被"精神贬值"。由此,从根本上说,以媒介技术为"本"的媒介学的本体论/世界

① 德布雷.媒介学引论[M].陈文玲,译.北京:中国传媒大学出版社,2014:73.

② 矫雅楠.跨越媒介,回归人文——雷吉斯·德布雷媒介研究思想及其学科价值[J].国际新闻界,2015(5):46-47.

观基础是反柏拉图—黑格尔主义的,是颠倒的柏拉图—黑格尔主义,因而是唯物主义(物本主义——媒介本体论)的。正因此,用媒介学者德布雷的话说,媒介学是社会思想的"物理学","是要把唯物主义坚持到底"①。也正是从这个意义上说,媒介学也是反人本主义、反人本论的,因为媒介学认定人及其文化是被媒介技术所形塑的,"媒介域"(médiasphère/media-sphere)以一种包裹和围绕的状态使人身在其中,沉浸其中,因而取消了人作为绝对主体的自在自为性,人本主义所宣称的理性、自足、完整而独立的个体或主体是不存在的。由此,在价值观上,"媒介学不是一种人文主义"②,而是后人文主义的。

从哲学本体论上讲,媒介学基本上属于唯物主义,是物本主义、物质本体论(物本论)的。因为在媒介学看来,作为技术—组织系统,媒介技术不仅仅是"精神的物质化"即思想/文化的中介化(物质化、现实化)的工具,同时也是思想/文化或精神的型构者和形塑者,因而具有本体论上的意义和地位。相比于传统的人本主义把媒介视为一种工具性的存在(人应付环境和与他人打交道的工具)即当作主体的人实现自身目的的手段——媒介工具论,媒介学认为,媒介不是人的工具,而是人的"主体",因为人为媒介技术所形塑。因而,在媒介学看来,媒介具有"主体"性(不仅是自在自足的,而且是自主自为的,具有动因性),是一种"本体"性的存在。从这个意义上说,媒介学的媒介观是一种媒介本体论思想。但进一步看,媒介学又不是一般意义上的唯物主义和物质本体论(物本论),而是倾向于彻底的唯物主义——一种新的"物"本论,因而超越媒介本体论而趋向于媒介存在论。这种媒

① 德布雷.普通媒介学教程[M].陈卫星,王杨,译.北京:清华大学出版社,2014:98.
② 德布雷.普通媒介学教程[M].陈卫星,王杨,译.北京:清华大学出版社,2014:78.

介存在论是对传统人本主义（媒介工具论）和物本主义（媒介本体论）的双重反叛和超越。因为从媒介学意义上看，“媒介”不只是某种处于中间位置、发挥中介作用的东西（媒介物、中介物或技术物），或者说，并非某种实体性的存在（存在者），而是一种结构性活力的隐喻，它既是一种（生态）环境，是思想/文化得以存在的生态/环境即文化生态系统，又是一种场域（“媒介域”），是万物得以生成的场域。总之，作为“使（万物）存在”之“存在”，媒介为特定形式的传播活动提供了得以实现的条件。具体地说，媒介是一种“装置”、一套“技术—组织系统”，是“将诸要素聚集在一起的某种生成”，是诸要素“安排、组织、装配在一起”的创生过程。[①]媒介学要探究的就是“媒介”的社会和文化引导和组织能力是为何具备和如何具备的。因而，在媒介学的观照下，“媒介”是使人、人类社会和思想/文化得以生成（“存在”）、之所以如此“存在”之“存在”本身，而非所谓的实体化、本质化的“本体”。正是从媒介存在论的本体论立场出发，媒介学以一种绝对意义上的“媒介中心主义”视角去揭示作为“物”自身的媒介技术系统（即文化生态）在人类社会发展和人类文明史上的重要的、基础性的甚至决定性的作用。也正是基于此，改善文化生态和技术伦理成为媒介学的至上关切。

不过，媒介学的媒介存在论思想尚不彻底，它是一种相对保守的媒介存在论，因为它还保留有媒介工具论（人本论）和媒介本体论（物本论）的痕迹。究其因，媒介学虽然力求超越物质（技术）与意识（精神或文化）之间的二元对立，寻求“心”（观念/精神/心灵）与“物”（物

---

① 德勒兹.关键概念[M].田延，译.重庆：重庆大学出版社，2018：91.

质/技术/肉体）之间的二元统一（两者在双向互动中互为条件、相互规定和制约），甚至出于对传统唯心论或观念论的反叛而转向了以物质为本（体）的物质本体论（物本论）。换言之，面对二元性在传统哲学的根深蒂固，媒介学正是要打破这种"二元性"，从"和"（avec）的观点来看问题，以此来取代"对立"即"反面"（contre）。①而最终的结果是：媒介学局限于技术—文化的二元关系的分析，其所探讨的"媒介化"终究是"中介化"（将媒介视为观念传递的中介）的，无论是"精神的物质（媒介）化"还是"物质（媒介）的精神化"，都预设了"心""物"的先在性和本体性，因而，媒介学并没有跳出传统心、物二元（本体）论的窠臼，因而不时摇摆于人本论（媒介工具论）与物本论（媒介本体论）、人类中心主义与媒介中心主义之间。也就是说，它未能瓦解和超越笛卡尔式的心物或主客体（表现为技术与文化）二元对立框架结构本身，而仍然囿于心物二元（本体）论框架去理解媒介（技术）的本质——"中介"，仍然按照二元逻辑去思维技术与文化之间的互动关系，仍然按照"技术（媒介）—政治（社会制度）—文化（思想理念）"三维思维结构和理路去把握世界。事实上，身处21世纪的今天的我们依然本能地接受在公元前6世纪的希腊所形成的精神模式：言语/技术、自然/人为、内容/表现、内容/外在、主观/客观等的对立机械地统治着我们的精神。正因为有这些对立，我们才有了某些精神上的舒适感（虽然这并不符合现实世界真实的情况）。②由此，媒介学所做的只不过是对传统二元论（二元对立）等级秩序的颠倒——从传统唯心主义（精神本体论或人本论）转为或者说沦为传统唯物主义或物质主义意义上的物质

---

① 德布雷.媒介学引论[M].陈文玲，译.北京：中国传媒大学出版社，2014：180.

② 德布雷.媒介学引论[M].陈文玲，译.北京：中国传媒大学出版社，2014：167.

本体论。而且,传统心物二元论的本体论结构终究为“心”“物”本体双方中的任何一方的对立面留有地盘。事实上,从西方哲学本体论演变史上看,传统唯物主义(旧物质主义)、物质本体论(物本论)往往给其对立面——人本主义、人本论(“心”本体论或心本论)提供了反叛的空间,从而不可避免地退回到人本主义的本体论立场,进而给人本论观照和支配下的媒介工具(中介)论留有余地。媒介学因此而带有媒介工具(中介)论的思想痕迹。由此,严格地看,媒介学的媒介思想与其说是一种本体论意义上的媒介存在论,不如说是一种方法论意义上的媒介本位论——以“物”即媒介为研究的出发点和中心。

二元论的本体论立场与二分法的方法论使得媒介学尚未完全奠基于一种完全意义上的物质本体论——“物(自身)”一元本体论(真正“彻底的唯物主义”)——之上。这种新的物质本体论是一种不同于传统唯物主义(物质主义)的物本论思想,它表征着唯一、绝对的物质性或物质一元性(“物即一切”“一切即物”,“物”并非相对于“心”即意识或精神性、作为“心”即意识或精神性的对立面的“物”,而是超越“心”“物”的“大全”的“物”——“物自身”),因为不仅心、物合为一体,而且心、物原本为一体,因而瓦解了“心”“物”二元结构,从而消解了作为“心”之对立面的相对“物”或作为“心”与“物”之间的“中介”意义上的“媒介”的存在,并确立起作为唯一、绝对“物自身”意义上的“媒介”的本体/现象性存在。建立在这种超越物质与精神二元对立的物质(一元)本体论基础上的媒介观才是真正意义上的彻底的媒介存在论。**“媒介即一切”,所谓“精神的物质(媒介)化”或“物质(媒介)的精神化”,都是作为“物自身”的“媒介”的自身的媒介化(mediatization)**。由此,在西方媒介思想光谱中,媒介学正处于从媒介工具(中介)观/论向媒介存在观/论过渡的中间地带。或者说,媒介学充当着一个思想冥河的摆渡者角色。这也就不难理解,从本体论上看,媒介学的媒介观不是一以贯之的,而是不时表现出不一致性,摇摆于媒介工具(中介)论与媒介存在论之间。这也恰好印证了德布雷自称的媒介学处于(各种本体论和方法论的)"居间"位置。有鉴于此,唯有将哲学本体论基础建立在新的一元论的物质本体论之上,媒介学的媒介存在论才能发展成为完全意义上的媒介存在论——其媒介思想彻底实现从媒介工具(中介)论到媒介存在论的转向。

第二节 媒介环境学的媒介存在论思想

媒介环境学(又称"媒介生态学",Media Ecology①),探讨的是作为生态环境的媒介即媒介(生态)环境通过媒介改变社会环境(情境或场景)而对处于其中的人的社会观念、社会行为和人类社会历史变化产生的影响。换言之,媒介环境学是关于媒介(环境)的社会历史效应的学问。

---

① 在西方传播学语境下,"Media Ecology"本译为"媒介生态学",它研究各种媒介构成的媒介生态(环境)如何影响处于其中的人和社会。用媒介生态学创始人尼尔·波兹曼(Neil Postman)的话说,媒介生态学主要探索传播媒介如何影响人类的感知、理解、感觉和价值,以及我们与媒介的相互作用如何帮助或阻碍我们的生存。之所以采用"媒介环境学"这一译名,一方面是出于翻译从俗的考虑,同时也是为了区别于中国本土研究媒介所处的社会生态环境的"媒介生态学"和媒介学意义上的"媒介生态学"。

一、媒介环境学的理论内涵

媒介环境学首先从研究主题上明确了“媒介转向”:“我们把重点全放在内容上,一点不重视媒介,因此我们失去了一切机会去觉察和影响新技术对人的冲击。”①其次,媒介环境学打破了传统传播研究集中探讨媒介内容对人和社会的影响的惯例,聚焦于作为人的生存环境的媒介对人和社会的影响。“一种媒介造就一种环境。环境是一个过程,而不是一层包装的外壳。媒介是行为,它作用于神经系统和我们感知的生活,完全改变我们感知的生活。”②而且,与其说媒介造就了环境,不如说媒介自身就是环境。立足于“一切技术(媒介)都是环境”“媒介即环境”(而非“媒介的环境”)即媒介与环境的同一性,媒介环境学从媒介“框架”(framework)自身的特性出发,研究其所营造的人和社会所处的媒介环境(或情境、场景)对人类社会存在和发展所产生的宏观的、隐性的和长期的效果,揭示媒介技术的革命性意义,以至于以媒介为依据、以媒介环境为标准来划分人类社会的历史时期——口语社会(口头语言、手势等符号媒介)、印刷社会(书籍、报刊等印刷媒介)和电子社会(广播、电视等电子媒介)。“不同的文明依赖的传播媒介各有不同。”③每一种媒介都是一个固有其独特的物质结构和符号形式的独立自足的有机体,其自身的特性包括物理属性、语法逻辑、传播特性、感官偏向和使用特征所带有的媒介偏向,促成各种心理

---

① 麦克卢汉,等.麦克卢汉精粹[M].南京:南京大学出版社,2000:374.

② 麦克卢汉.麦克卢汉如是说[M].何道宽,译.北京:中国人民大学出版社,2006:62.

③ 伊尼斯.帝国与传播[M].何道宽,译.北京:中国人民大学出版社,2003:8.

或感觉的、社会的、经济的、政治的、文化的结果。①为此，媒介被划分为各种类型，譬如时间偏向（time bias）型与空间偏向（space bias）型、集中化型与非集中化型、声觉空间型与视觉空间型、场景隔离型与场景融合型等。在媒介环境学看来，作为一种具有相对稳定"内在性质"的技术形式（a technological form with "intrinsic characters"），媒介并非一个价值零负荷（中性）的、完全自在的传播系统，而是一个以自身为目的、对信息的编码和解码发挥着规定性作用的"自为者"。作为一个固有存在，它具有不以人的意志和其他所有因素为转移的内在发展逻辑和自主力量——一种超越社会语境、具有自身发展规律的"独立力量"（independent force），它以其自身系统性逻辑"宰制"人类活动而产生的社会历史效果也是人类无法左右的。媒介不只是被动地传送（transmission）内容（信息），而且还能动地转化（transformation）内容（信息）。相反，由媒介形式所引发的变化与媒介所传的内容可以毫无关系。"媒介即信息"，就是说，媒介不仅仅外在地传递关于世界变化的信息，更为重要的是，媒介内在地包含着信息或意义，或者说，媒介信息内在于媒介形式——媒介形式即内容（信息）本身。由此，信息（内容）丧失了相对于媒介（形式）在本体论意义上的优先性、决定性、独立性和先在性，媒介与信息之间的分野变得越来越模糊，乃至于媒介可以等同为信息，因为真正的信息或意义不是媒介形式所承载的内容，而是媒介形式本身。媒介信息内容或意义内在于媒介形式。也就是说，媒介形式所引发的变化与媒介所传送的内容可以毫无关系。而

① 林文刚.媒介环境学：思想沿革与多维视野[M].何道宽，译.北京：中国大百科全书出版社，2019：30-31.

之所以如此,因为媒介本身(媒介传播形式)能够通过转化其所传递的信息(媒介传播内容)和规定信息的传递方式而产生信息本身所能产生的传播效果。而且,相比于信息内容,媒介(形式)所产生的传播效果更隐秘,也更持久、深刻——媒介本身恰恰是世界变化的原因。"每一种新技术都创造一种新环境……"①"每一种技术都立即对人的交往模式、感知模式和教育模式进行重组,实际上造就了一种新环境。"②譬如,铁路、飞机等各种不同的媒介会以不同的调解方式(如加速创造新型的城市、工作和新的闲暇)形成不同的环境,从而对人和社会产生不同的影响。这些功能与承载何种物品是无关的。③正是在这个意义上,媒介环境学认为:媒介(环境)是人类社会历史中所有变化的自变量即动因——唯一的变化之源。人和人类社会所有的变化即传播所产生的效果尤其是长期效果(效应)都来自传播形式即媒介(环境)本身,而不是源于媒介所承载的传播内容。进一步就整个人类社会而言,传播的意义不在于传播内容所带来的显性(可见)的短期效果,而在于传播形式即媒介本身所产生的长期、隐性(不可见)的社会历史效应。媒介(环境)对人类社会的影响之所以是隐秘的、潜移默化的和深远的,是因为媒介自身就是一种无形的环境形塑力量和动力机制,而人是生活在媒介(的)环境里的"鱼"。长久以来,人们对身处其中的媒介环境始终麻木、无知无觉,或视之为"理所当然的世界"④:媒介环境让人"把新技术的心理和社会影响维持在无意识的水平,就像

① 麦克卢汉.理解媒介:论人的延伸[M].何道宽,译.北京:商务印书馆,2000:27.
② 麦克卢汉.理解媒介:论人的延伸[M].何道宽,译.北京:商务印书馆,2000:40.
③ 麦克卢汉.理解媒介:论人的延伸[M].何道宽,译.南京:译林出版社,2019:34.
④ 麦克卢汉.理解媒介:论人的延伸[M].何道宽,译.北京:商务印书馆,2000:26.

鱼对水的存在浑然不觉一样”①。

媒介环境学致力于论证媒介(环境)变革与社会历史文化变迁的动态作用关系。“媒介是文化能够在其中生长的技术。”②也就是说，媒介就是“作为文化之环境的技术”。一个历史时期的媒介环境“型构”着处于其中的各种社会关系结构，从而“规定”“成就”了这一时期的知识、文化乃至整个文明的形态和特质。其间的关键在于，它决定了这一时期人们的身体状况(通过重塑感知比率和促成习性养成来修正身体)、心智结构、认知/感知/思维模式、社会交往场景、权力关系、交往方式，从而参与了人们的日常互动和文化建构。在一个新的历史时期，引入一种新的媒介，就是引入一种新场景，新的角色行为模式就在新的社会场景中诞生。③由此，在媒介对人们感知、思想和行为的中介作用下，一部媒介(环境)发展史就是一部人类感知、行为和社会文化变迁史。譬如，印刷术的发明因为它以需要经过学习才能掌握、呈现线性排布和合乎逻辑的抽象文字为符号，倾向于产生理性的公众话语体系，同时有利于塑造权威，擅长于展现人们“美好的”前台行为，从而建立起精英文化。而电视的出现因为它以稍纵即逝的画面和音响为表现手法(舍弃深度的思想内涵来换取对视觉和听觉快感的满足)，倾向于创造一种娱乐化的社会大众文化形态，同时把新闻、政治、科学等所有严肃的话题全部蒙上娱乐色彩，让不为人知的后台行为暴露无

---

① 麦克卢汉.麦克卢汉精粹[M].何道宽，译.南京：南京大学出版社，2000：360.

② 波斯曼.媒介环境学的人文关怀[M]//林文刚.媒介环境学：思想沿革与多维视野.何道宽，译.北京：北京大学出版社，2007：44

③ 梅罗维茨.消失的地域：电子媒介对社会行为的影响[M].肖志军，译.北京：清华大学出版社，2002.

遗，从而促成理性思考方式和精英崇拜的消解。[①]因而，媒介环境更替时期必然产生社会巨变。"在一种传播形式主导的文化向另一种传播形式主导的文化迁移的过程中，必然发生动荡。"[②]譬如，媒介环境学开创者伊尼斯指出："……在每一个时期，我都试图追踪传播媒介对于知识的性质有何含义，并试图说明，知识的垄断或寡头积累到一定程度时，平衡就被扰乱了。"[③]媒介环境学家麦克卢汉则通过分析印刷媒介环境向电子媒介环境的转变，先声夺人地预言了西方二十世纪六十年代的社会运动，以及由此开启的后现代潮流。媒介环境的浸入性特点使得人们处于非媒介环境剧烈变动时期难以意识到它的存在。正因此，(新旧媒介形态)交汇碰撞产生的(社会)裂变效应能够把我们从平日对媒介环境的麻木感知中惊醒，此时正是发现媒介环境真相、认识媒介环境意义的最好时机。[④]

如上所述，媒介环境学预设了媒介(环境，完整地说，媒介技术营造的环境)作为一个整体具有自主力量和自身进化不受人类"主体"支配的内在逻辑和方式，其所产生的社会历史效应也是人类无法左右即不可控的；至于身处何种媒介(环境)以及对媒介的发明、采纳和使用也具有强制性，决不是个人可以决定和选择的。这是因为媒介技术(环境)总是先于社会中的个体而存在，而且，人的行为活动一定要按照媒介技术先行设置的运作方式来展开，因为一种媒介技术在被人使用的过程中，会把它自身的属性和逻辑强加于人类心智和社会结构。

---

① 波兹曼.娱乐至死[M].章艳，译.北京：中信出版集团，2015.
② 伊尼斯.传播的偏向[M].何道宽，译.北京：中国人民大学出版社，2003：119.
③ 伊尼斯.传播的偏向[M].何道宽，译.北京：中国人民大学出版社，2003：2.
④ 麦克卢汉.理解媒介：论人的延伸[M].何道宽，译.北京：商务印书馆，2000：82-91.

由此,技术逻辑成为人的生存逻辑的重要组成部分,甚至成为首要的决定性因素(超过权力逻辑、资本逻辑、生理或心理逻辑)。这种预设强调了媒介(环境)对人的规训和驯化(范导)作用和对人类社会历史变化发展的形塑和型构(建构)功能——对人和社会的决定性意义。从这个意义上说,媒介环境学的媒介观是“(媒介)技术决定论”或“媒介决定论”的。而且,相比于媒介学,媒介环境学的媒介技术决定论显得更为彻底。这是因为,媒介环境学更大程度地将媒介技术视为社会变革的主要动因,更加强调媒介技术因素在社会历史变迁中的主导地位。首先,从媒介生成上看,媒介环境学意义上的“媒介”是脱离特殊社会历史情境、社会权力关系和文化语境的价值中立(中性)的纯粹技术系统(无社会属性的纯粹“技术”)。其次,从媒介效果或效应上看,媒介技术(环境)对人的生存和社会文化变迁的决定作用或效用(因果关系)的发挥完全是技术自动、直接、刚性、无条件的,因而也是标准化、普遍化(universal)而无差异的(同一媒介产生相同的社会历史效应,不受社会制度的制约,因为社会制度本身恰恰是由媒介所形塑的)。更为重要的是,媒介技术(环境)与社会历史文化之间的作用遵循线性逻辑,是一种单向线性的因果决定关系,而不是双向互动、相互作用、相互决定的互为因果的关系,即媒介技术(环境)决定社会历史文化的特质和变迁,社会历史文化不会决定或反作用于媒介(环境)。

二、媒介环境学的媒介思想取向

“媒介的魔力在人们接触媒介的瞬间就会产生。”①如前所述,在

① 麦克卢汉.理解媒介:论人的延伸[M].何道宽,译.北京:商务印书馆,2000:42.

技术(媒介)与社会文化之间,媒介环境学无疑更倾向、倚重于技术一方。在媒介环境学看来,不是人、社会和文化塑造和改变媒介(环境),而是媒介(环境)塑造和改变人、社会和文化。如同媒介学,媒介环境学更看重时间的物质性(而非精神性)。因此,从根本上说,媒介环境学的本体论/世界观基础是反柏拉图—黑格尔主义的,而且是倾向于以"物"自身——非物质——为本体的物本主义的——新"物"本论。"媒介是人的延伸",反过来也是人的形塑者,"媒介物理性地延伸了身体:每一种新媒介技术出现时,人类感觉以及感觉环境都将经历一场'革命'。"①媒介造就人,一代媒介自成一代人。正是从这个意义上说,媒介环境学也是反人本主义、反人本论的——不仅反人本体论,而且反人本位论即反人类中心主义,因为媒介环境学不仅认定人及社会历史文化都是被媒介环境所形塑的,或者说,人被媒介营建的生存环境所塑造,因而取消了人作为主体的自在自为性,而且,人本主义所宣称的研究世界的出发点或中心,理性、自足、完整而独立的个体或主体也是不存在的。

媒介环境学把媒介隐喻成一种生态环境即存在者赖以"存在"的环境。媒介成为一个关于生态环境的隐喻,而非某种实体性的存在。这不仅表明了媒介环境学以"物"(自身)为本体的"物"本论哲学本体论基础,同时也显示了媒介环境学的媒介思想是媒介存在论——以"媒介"为"存在"本身即万物得以"存在"之源、之所在(媒介不是人与自然的桥梁,它们就是"自然"②),同时,"媒介是一种'使事情所以然'

① 李斯特,等.新媒体批判导论[M].吴炜华,付晓光,译.上海:复旦大学出版社,2016:111.

② 麦克卢汉.麦克卢汉精粹[M].何道宽,译.南京:南京大学出版社,2000:407.此处的"自然"(nature)是"本性"之意。这句话的意思是:媒介就是"本性"。

的动因，而不是‘使人知其然’的动因”①)。显然，媒介环境学超越了传统主体性形而上学(主体性哲学)或意识哲学从纯粹客观的外部世界来理解媒介。在媒介存在论的观照下，媒介构成了“世界”，成为“世界”本身。媒介好比“电光”，它虽然自身没有讯息内容，但它的出现本身创造了一个新环境：“电灯一亮，就出现一个感知的世界。电灯一灭，这一感知世界就荡然无存。”②也正因此，“新媒介对我们感知生活的影响……不是改变我们的思维，而是改变我们世界的结构。”③这种媒介存在论是对媒介工具论的反叛和超越。在媒介环境学看来，媒介(环境)不是人应付生存环境和与他人或他物打交道的工具/手段，即不是人本主义视域下的一种工具性的存在，相反，媒介(环境)是自主自为而自足的，不仅是人之处境(“所谓人之处境，即‘媒介环境’”)，而且是人及人类社会历史的主宰者和塑造者，因而是作为人的“主体”的一种“本体”性的存在，具有“本体”论上的意义和地位。可见，媒介环境学的媒介存在论以一种去人类中心化的视角揭示了作为“物”自身的媒介环境(媒介技术系统)在人类文明史上的生成性和规定性作用。

相比于媒介学，媒介环境学的媒介存在论思想更为彻底，走向一种完全意义上的媒介存在论(不再带有任何媒介工具论的痕迹，也脱离了媒介本体论的窠臼)。这是因为媒介环境学自觉或不自觉地采用了以“回到事情本身”为主旨的现象学哲学方法，去“重新学会看世界”(直观世界)，去重新理解媒介。在对媒介的现象学观照下，所谓

---

① 麦克卢汉.理解媒介：论人的延伸[M].何道宽，译.南京：译林出版社，2011：67.

② 麦克卢汉.理解媒介：论人的延伸[M].何道宽，译.南京：译林出版社，2011：150.

③ 麦克卢汉.麦克卢汉精粹[M].何道宽，译.南京：南京大学出版社，2000：410.

二元对立的“心”与“物”以及充当人(“心”)与世界(“物”)相互沟通之桥梁的“媒介”(中介)其实是不存在的,存在的只是作为“现象”或“事情”“物自身”的“媒介”自身(非中介)——非实体化的“媒介”。①在媒介现象学的观照下,媒介环境学跳出传统笛卡尔式的心(意识/观念/心灵)与物(物质/技术/肉体)二元(本体)论窠臼,从而超越了“心”“物”二元结构即媒介技术与思想或精神文化之间的二元对立。也就是说,媒介环境学所做的不只是颠倒传统二元论(二元对立)等级秩序而倒向唯物主义或物质主义意义上的物质本体论,还会瓦解和超越心物或主客体(表现为媒介技术与社会文化)二元对立框架结构本身,从而转向一种全新的、真正彻底的“物”本体论——“物(自身)”一元本体论(真正“彻底的唯‘物’主义”)。基于这种新的“物”(一元)本体论立场,媒介环境学消解了作为“心”之对立面的相对“物”或作为“心”与“物”之间的“中介”意义上的“媒介物”,确立起作为唯一、绝对“物(自身)”意义上的“媒介”的“本体”(本源)性存在,从而形成了一种非实体化的媒介观。具体地说,媒介环境学突破心、物二元(本体)论思维框架,而按照一种一元论逻辑去理解媒介(技术)的本质和思维媒介技术与社会文化之间的关系。它视媒介(环境)为唯一的“本体”,视人和人类社会及其文化为媒介(环境)的产品,从而取消了媒介(环境)所塑造、造就的人、人类社会及其文化的独立自存性。由此可见,媒介环境学确立起更为彻底的媒介存在论思想。

媒介环境学的媒介存在论思想的彻底性集中体现在“媒介环境学”与媒介学意义上的“媒介生态学”的本体论差异上。从基本上看,

① 参见范龙.媒介现象学:麦克卢汉传播思想研究[M].北京:中国大百科全书出版社,2012.

媒介环境学与媒介学的“媒介生态学”确实具有相通之处，因为在方法论立场上，两者是一致的，都是媒介本位论或媒介中心主义的，即围绕作为人类社会思想文化的生态环境的媒介形式（而非媒介内容）来展开研究。但从根本上说，两者在本体论上是不同的。如果说，媒介学的“媒介生态学”——关于“**思想/文化**环境”的“媒介生态学”——尚有以“思想/文化”为主体或本体、以“（媒介）**环境**”为功用的“心”本体论或人本主义倾向，因而带有媒介工具论或媒介中介论痕迹，那么，媒介环境学——关于“（媒介）环境”的媒介环境学——则否弃了思想/文化即意义相对于媒介（环境）的本体性、独立性和先在性，而完全以“媒介（环境）”自身为唯一“主体”或“本体”，因而是一种彻底的媒介（一元）“本体”论——“媒介存在论”。

第三节　媒介考古学的媒介存在论思想

在过去一二十年即进入二十一世纪以来的媒介传播研究中，“媒介考古学”应该是最有活力也最具影响力的研究分支之一。该理论突出地表达了以媒介主体性（自主自为性）为核心的媒介存在论思想。

一、媒介考古学的理论内涵

所谓“媒介考古学”，它通常与旧的媒介甚至“死媒介”（dead media）及媒介的“变体”（variants）或异质性媒介、想象性媒介

(imaginary media)在文化和技术层面上的重新发掘相关联,[①]致力于以考古学的方法到过去文化的踪迹(残像余韵)中去追寻文化的发展历程,它旨在构建出关于一部媒介被压制、被忽视和被遗忘的另类媒介(文化)史。"时间是一切的秘密"。媒介考古学着重从历史的角度来研究媒介,历时性地看待媒介,并聚焦于媒介形式本身即"媒介(自身)性"(mediality),探讨媒介何以对文化、社会和政治环境产生深远影响。首先,在媒介考古学看来,媒介的发展演变一般都遵循去媒介化/直接化(im-mediacy)与超媒介化(hyper-mediacy)这对反向的双重逻辑(twin logics):前者通过努力消除各种表征行为和创造统一的视觉空间,来隐匿媒介(本身),或是将之置于后台的隐匿位置。由此,媒介成为看向世界的透明窗户而自身变得不可见——媒介是"缺席"的、"抽身而去""退隐而消失"的,即媒介不被感知到其存在。也就是说,只见媒介的内容,而不见其形式即媒介本身。而且,媒介越是有效地发挥着中介化作用,就越不被感知到而"透明化"。"一般来讲,技术是帮助完成任务的工具,当人们熟练使用工具时,他的关注力集中在任务目标上。那些经常被使用的媒介,往往被人们理所当然地视为'中性',并消失在使用者的视野中。这时候,媒介就成为透明的了。"[②]譬如,纸质媒介正是在漫长的使用过程中被人们"理所当然"、习以为常地接受,因而具备了"透明性"。此时,它除了担当承载内容的工具之外,其本体实在的特点就被完全忽略或遗忘了。媒介这种不可见性(透明性)恰恰在本体论上确认了媒介(中介)之为媒介(中介)

① 胡塔莫,帕里卡.媒介考古学:方法、路径与意涵[M].唐海江,译.上海:复旦大学出版社,2018:231.

② 曾国屏等.赛博空间的哲学探索[M].北京:清华大学出版社,2002:91.

的媒介性(中介性)。其实,作为中介的媒介本来是“透明”而不可听见、不可看见的(只有其中介功能运行不良时,媒介才会显现)①。后者则通过“激发多样化的表征行为”和“提供叠加并置的异质化空间”,来无可回避地突兀、凸显、“显著”媒介(本身)。由此,媒介成为看向自身而从不可见变得可见——媒介本身是“在场”的,即媒介被感知到其存在。②此时的“到场”的媒介不再是一种发挥中介化作用的技术中介物,而成为自在自足而自为的“物”自身,它能够作用于“他者”:“媒介并不简单地传递信息,它发展了一种作用力,这种作用力决定了我们的思维、感知、经验、记忆和交往的模式。”③由此,在绵延数千年的纸张技术发展历史中,这一双重逻辑带来了纸张技术发展的两条平行线:去中介化逻辑极力抹除纸张的手工痕迹而使之变得透明(如无物的表面)和不可见,从而最大程度地凸显书写符号和内容而突出其作为信使的功能;超媒介化逻辑则努力保留并欣赏纸张的物质性及其作为信使之外的功能。因此,采用传统材料和工艺的手工纸或艺术纸在许多国家和地区都被保存下来,纸的材质、纹理、层次也通过拼贴、剪纸等方式成为现代艺术表达的手段。与之相应的技艺也从单纯的写、印、读等发展出折、剪、堆、拼、贴等多种技艺。④ 在去媒介化与超媒介化的双重逻辑之间,媒介考古学更倾向于旨在凸显媒介自身而使

---

① S.KRAEMER.Medium,Bote,Uebertragung:Kleine metaphysik der medialitaet[M].Frankfurt:Suhrkamp,2008.

② D.BOLTER,R.GRUSIN.Remediation:Understanding New Media[M].Cambridge:MIT Press,2000:31,33-34.

③ 克莱默尔.传媒、计算机、实在性——真实性表象和新传媒[M].孙和平,译.北京:中国社会科学出版社,2008:5.

④ M.KURLANSKY.Paper:Paging through history[M].New Youk:W.W.Norton & Company,2017.转引自袁艳.“慢”从何来?——数字时代的手帐及其再中介化[J].国际新闻界,2021(3):32-33.

其(被感知到)"可见"和"在场"的超中介化逻辑。其次,在媒介考古学看来,媒介形式本身之所以重要,是因为媒介是信息的源泉,是信息的秘密所在,"这个世上不存在完全脱离物质实体而存在的纯信息。信息被当作一种'调制'存储在物质实体结构之中——它们可以存储成为颜色、反射率、剩余磁性、埋藏电荷,而这些物质实体随着时间的流逝会发生形态、成分和位置上的变动,导致存储在其中的数据消失不见。"[①]换言之,要从媒介那里去寻找信息,因为是媒介生成了信息,媒介因其媒介性(medialitaet)使得信息能够被"感知"和被"看到"。[②]在人与媒介的关系上,媒介考古学认为:传播媒介技术与人类认知、交流甚至与人类的整体生存境况相互影响、相互作用。在媒介变革的时代,人类所创造出来的媒介和物质反过来塑造着人类自身——媒介物重塑了人类。通过对传统媒介的"考古"(考察),媒介考古学提出了一种基本的媒介观:媒介决定(规定)、改变了我们的认知,至少是影响了我们理解、认知世界的方式,同时也影响了我们对世界的具身性体验。

媒介考古学较为典型地体现在基特勒的媒介思想上。作为媒介考古学的开创者,弗里德里希·基特勒(Friedrich A.Kittler)呼吁一种对"媒介性"的研究,寻找媒介之所以为媒介的自律性、自治性和内在合法性。首先,他提出媒介比媒介承载、容纳的信息、思想更重要。在他看来,媒介不是被动接受内容的容器,而是具有本体论意义的撼动者(shifters)。而西方人一直重视思想、观念本身及其发展,而忽略了

① 胡塔莫,帕里卡.媒介考古学:方法、路径与意涵[M].唐海江,译.上海:复旦大学出版社,2018:204.

② S.KRAEMER.Medium,Messenger,Transmission:An Approach to Media Philosophy[M].Amsterdam:Amsterdam University Press,2015.

记录、传播信息、思想的媒介。“重要的已不是信息,也不是在技术时代为所谓灵魂配备的信息或内容,而是(严格按照麦克卢汉的话来说)它们的电路,是感知的图示。”①其实,若没有媒介这种本体(本源)性的存在,信息、思想又何以存在并得以传播。其次,他提出“媒介即力量”,媒介是历史发展的推动力,因为作为“物”的媒介重构了社会的话语方式,从而“决定了我们的处境”②。在此,他强调技术媒介对于人(包括个体和群体)的主体性意识、时空感知和存在状态即生存情境和文明传承的塑造作用和决定性影响,从而表现了强烈的媒介决定论取向。基特勒将媒介放在整个人类文明制度的视野中进行检视,提出:文化的历史就是媒介的历史,文化或文明的过程可以用不同历史阶段的媒介技术(使用)来一窥究竟。③为此,他详细考察了西方媒介发展的历程,揭示了时代的媒介性(mediality)。在早期的《话语网络 1800/1900》(*Discourse 1800/1900*)中,他采用法国哲学家米歇尔·福柯的“知识考古学”分析框架,从文学史研究的角度对十八和十九世纪的德国文学进行了知识(分)型(episteme,基特勒称之为“话语网络”,discourse networks)意义上的话语分析,揭示了那两个关键性年代的传播(书写)系统和“话语方式”及其物质性基础和媒介技术来源,凸显了物质性的媒介技术在不同时代的不同话语系统演变中的重要性。这表明:话语网络(知识型和话语方式)的改变与媒介(实践)的转变有关。譬如,留声机(声音媒介)、电影(视觉媒介)和打字机(文字媒介)以相似的媒介逻辑限定了人们的思维方式、记忆方式和时间意识,重

① 基特勒.留声机 电影 打字机[M].邢春丽,译.上海:复旦大学出版社,2017:3.
② F.KITTLER.Gramophone,Film,Typewriter[M].Stanford:Stanford University Press,1999:123.
③ 唐士哲.作为文化技术的媒介:基特勒的媒介理论初探[J].传播研究与实践,2017(7):5-32.

塑了人们的话语机制(留声机和电影带来的信息存储方式和实时数据流的显现以及打字机导致的机械化写作,摧毁了话语网络1800中人们听说读写的协同一致及对语言生产、记录和传播的一体化自主把控),从而结束了"话语网络1800"("书写"媒介阶段),开创了"话语网络1900"("模拟"媒介阶段)。而且,新媒介的到来是一个由内在动力所驱动的、自发的媒介技术演化的结果。[①]这种从话语的物质性即媒介技术或媒介物的角度重新认识一个时代的文学、哲学、社会的认识方式被称为技术中心主义的媒介历史考古学。[②]随后在中期,基特勒进一步转向了对媒介自身历史的考察,其媒介研究的对象从印刷和书写作品扩展到多种媒介技术。在《留声机 电影 打字机》(*Grammonphon, Film, Typewriter*)和《光学媒介》(*Optical Media*)中,他关注具体的媒介特别是留声机、电影、打字机(书写的机械化)及电子与数字技术媒介如计算机及其技术的物质性对文学书写和文本生成的决定性意义,从而揭示了新的媒介自身的出现对人类的信息感知和思维模式的根本性改变。三个不同阶段的物自身性媒介对应着三种特定时代的信息通道和三种书写的重构方式。在历史地考察媒介的文化影响的过程中,基特勒把作为文化技术的媒介的个体或制度化实践视为媒介的文化影响机制。他将媒介技术的使用和媒介技术本身联系起来,并形成一种复杂的动态文化影响环境。与此同时,他认为媒介技术对人类认知和交流的影响是通过人的身体即以身体为中介发挥作用的。由此,他将媒介的物自身性与人的身体联系起来。他以尼采晚期使用打字机进行书写而改变其思维方式为例,来说明我们的书写工具作用于并

① 温斯洛-扬.基特勒论媒介[M].张昱辰,译.北京:中国传媒大学出版社,2019:76.
② 陈静.走向媒体本体论——向弗里德里希·A.基特勒致敬[J].文化研究,2013(1):292.

塑造着我们的身体及意识思维。尼采自身也完全意识到理论和哲学沉思事实上是身体与媒介交互的体现。基特勒进一步发现,这种机械化的自动写作(打字机)掩盖了书写者的个性,但同时也打破了书写的性别垄断,消解了书写中的男性中心主义,使得即使受教育程度不高的女性经过训练后同样可以娴熟地使用打字机参与媒介系统的运作,从而促使其走出家庭,步入职场。从上述意义上说,“媒介”设定了人的“存在”,而非相反。到了后期,基特勒总结性地转向了长时段的媒介系谱学研究,他回溯到古希腊,对字母、数字、音乐等符号记述系统进行考察,揭示了这些媒介技术对于文化的影响所呈现的“培育性”(kultur)即“文化”性——因而,就其文化影响或效应而言,所有的媒介技术都是“文化技术”(kulturtechnik),或者反过来说,就文化的物质技术基础而言,他揭示了文化的媒介性即媒介自身性基础,也就是说,所有的文化都是“技术文化”(technologische kultur)。

二、媒介考古学的媒介思想取向

媒介考古学认定:“媒介”以其特定媒介形式影响文本意义的生成和人类的认知、行为取向。在媒介技术面前,人不是主人,相反地,人的心理、行为方式甚至整个社会话语网络是媒介技术作用的后果。媒介技术成为历史的主体,人则沦为技术的客体。不过,媒介考古学意义上的“媒介”(技术)不是指一般意义上的物质即具体的媒介物或技术物,不仅是承载语言意涵的实体,更是一种“文化技术”,即信息储存、处理、传输的机制、制度与过程。[①]由此,媒介变成一个关于万物(包括人)生成和变化语境("使……存在")的隐喻。从哲学本体论的层面上看,媒介考古学不是传统物本论,而是新的"物"本论——超越"心""物"二元对立的"物"一元本体论。基于此,媒介考古学的媒介思想是一种较为彻底的媒介存在论。换言之,媒介考古学的本体论基础不仅是唯物主义的,而且是一种不属于传统唯物主义的新唯物主义。这种新唯物主义预设:"物"不仅是世界唯一的"本体"(本源)、唯一的决定性因素,而且是一种没有对立面的存在,是世界的全部——"物即一切,一切皆物"(心、物不仅合为一体,而且心、物原本为一体)。这种新物质主义(新物质主义、"物"本论)不止于对传统心物或主客体二元论(或二元对立)等级秩序的颠倒,而是彻底瓦解和超越了二元论框架结构本身,从而发展成为一种完全意义上的"物(自身)"一元本体论——"物"一元论,或者说,走向最彻底的唯"物"主义。在"物"(一元)本体论的观照下,媒介考古学彻底摆脱了人本主义的痕迹(抛弃了作为社会行动主体的"人"的本体性),而以一种完全去人类中心主义化的视角揭示了作为"物"自身的媒介技术系统在人类文明史和文化变迁上的决定性作用。更进一步说,首先,媒介考古学彻底超越了媒介形式与媒介内容(信息)之间的二元对立,而用一种一元论思维来看待媒介(形式)——媒介(形式)就是一切("媒介之外,别无他物"),从而贯彻了媒介的自足性。因为媒介(形式)本身就是媒介内容,而所谓的"媒介内容"并不具有独立自存性,它无非是媒介形式自身的显现而已。因而,脱离媒介的"纯(信息)内容"是不可想象

---

① F.KITTLER.Gramophone,Film,Typewriter[M].Stanford:Stanford University Press,1999.

的。也就是说,媒介考古学是就媒介(形式)论媒介(形式)的,而不是从媒介(形式)的对立面即信息(内容)的角度来看待媒介(形式)的,从而确立起媒介(形式)与信息(内容)之间的绝对同一性——“媒介即信息”。也就是说,信息(内容)是完全内在(融合)于媒介形式的,而不是外在地被媒介形式所承载和传递。这就是信息的内在性,即内在于媒介。由此,信息不仅丧失了本体性即本体论意义上的优先性、决定性和先在性,而且彻底失去了其独立自存性乃至于存在性本身。与之相对的是,媒介环境学则仍然拘囿于媒介—信息二分或二元对立框架而承认媒介内容(媒介所承载的信息内容)相对于媒介形式的一定程度上的独立自在性——虽然不具有本体性、先在性,因而认为传播效果是媒介本身与传播内容综合作用的结果(只是从广大长远时空范围而言,媒介本身的社会意义更突出更重大)。麦克卢汉曾解释说:“我强调媒介是讯息,而不说内容是讯息,这不是说,内容没有扮演角色——那只是说,它扮演的是配角。”①可见,麦克卢汉所谓的“媒介即讯息”更多地是一种隐喻修辞,而非对两者绝对同一性的实际认定。其次,媒介考古学彻底超越了媒介技术与社会文化之间的二元对立,而用一种一元论思维来界定媒介(机器、技术)与人、社会、文化之间的关系——媒介(形式)就是一切(“媒介之外,别无他物”),人类社会历史文化并不具有独立自存性,它无非是媒介的显现而已。因而,脱离媒介的文化也是不可想象的。也就是说,媒介考古学是就媒介论媒介的,而不是从媒介的对立面即人类社会历史文化的角度来看待媒介的,从而确立起媒介/技术与人类社会历史文化之间的绝对同一

① 麦克卢汉.麦克卢汉精粹[M].何道宽,译.南京:南京大学出版社,2000:373.

性——“文化技术”“媒介/技术即文化”(“媒介/技术文化”)。这种同一性关系无疑是对媒介学关于(媒介)技术与文化之间的互动关系(德布雷所谓的“文化—技术”)与媒介环境学关于媒介与人类社会历史文化之间的因果决定关系(麦克卢汉所谓的“一切技术都是文化”①)的超越,或者说,它是将媒介学和媒介环境学的媒介技术决定论推到极致的结果。正是从这个意义上说,《留声机 电影 打字机》一书的英译者在“前言”中说,基特勒特别拒绝任何对他作品的特征化描述,然而却“频繁地求助于麦克卢汉的决定主义的媒介理论”②。可见,基特勒在麦克卢汉的基础上更进一步,持有更为彻底的媒介存在论思想。

第四节　媒介化理论的媒介存在论思想

进入二十一世纪以来,在欧洲出现了一股新的媒介研究思潮,形成了所谓的“媒介化理论(研究)”(Theory of Mediatization)③。该理论强调我们生活其中的时代是一个“万事/万物媒介化”(mediatization of everything)的时代,尤其是今天的数字时代已经进入“深度媒介化”

---

① 何道宽.媒介环境学辨析[J].国际新闻界,2007(1):46-49.

② F.KITTLER.Gramophone,Film,Typewriter[M].Stanford:Stanford University Press,1999:XXXIV.

③ 丹麦媒介学者施蒂格·夏瓦(Stig Hjarvard)提出“媒介化”(mediatization)概念,以此作为一种新的理论分析框架用来探讨媒介在文化和社会变迁中的角色和影响。他认为:媒介化理论不同于以往媒介和传播研究即“中介化”(mediation)理论中的两大传统,即着眼于“媒介对人做什么”(what do media do to people)的“效果范式”(经验功能主义取向)和着眼于“人用媒介做了什么”(what people do with media)的受众研究(文化研究取向)。参见夏瓦.文化与社会的媒介化[M].刘君,等,译.上海:复旦大学出版社,2018:3-4.

(deep mediatization)①的新阶段。由此,媒介化成为一种高度现代化的进程。

一、媒介化理论的理论内涵

"媒介化"理论有一个关于媒介的基本的理论假设,即:媒介是一种具备自身逻辑的机制化的社会力量。但媒介不是一种独立自在的存在,它不是作为外在于人的、被对象化或客体化的现成的东西而被人凝视、认识,而是作为如同人与之打交道、起作用的"上手东西"而展示,它已成为个体的日常生活脉络,同时套嵌入其他社会制度的日常运行。或者说,媒介是一种深度嵌入个体生存情境(life context)和社会政治经济结构(political-economic structure)中、遍在而无形、不为人所见却对人类世界的存在发挥着极为基础性作用的"基础设施"(infra-structure)。媒介的"物(自身)"性就体现在作为一种"情境化的技术系统"(situated technical system)的基础设施运作过程中所依赖的一系列物质资源、资本力量、控制技术、人类劳动等。② 正因此,深度介入社会中的媒介在特定的"社会情境"下对所有的社会行动(包括个体交往方式和交往行为)施加影响,并建构和拓展社会行动(包括个体交往)的情境,从而形塑和改变人类活动发生的结果(尤其是促使个体的

① 这是欧洲媒介研究学者、媒介化理论的奠基人安德烈亚斯·赫普(Andreas Hepp)在《深度媒介化》一书中提出的概念,用以表示媒介化的一个高级阶段,在这个阶段,在"媒介多样性"(media manifold)的媒介环境下,社会的所有元素都与各种相互关联的媒介及其基础设施发生着深度的关系,而且这种深层关系一直处于不断深化的过程。参见常江,何仁亿.我们生活在"万物媒介化"的时代[J].新闻界,2020(6):4-11.

② L. PARKS, N. STAROSIESKI. Signal Traffic: Critical Studies of Media Infrastructure [M]. Illinois: University of Illinois Press, 2015: 4.

私人实践与参与公共活动勾连起来）。从这个意义上说，所谓“媒介化”，就是媒介（化）实践，就是“传播”（实践）——一种媒介主导的“社会行动”、一种“互动的实践形式”。[①]在此，媒介技术既非作为人类与环境之间形成的借以适应环境的中间层物体，[②]又非作为媒介实践的中介即充当沟通作为身体的“人”与“生活世界”相互作用而产生具身关系的手段而存在，[③]亦非作为独立自主性的行动者（actor）——行动者网络中的一个节点——参与到与其他行动者之间的社会互动之中，[④]而是作为媒介实践的唯一“主体”同时主导和规定了“人”与“生活世界”（包括他人）及其相互作用（互动实践）。由此可见，“媒介不再‘外在于’个人与社会般地对个体以及文化施加特定的影响。如今，媒介‘内在于’社会，成为文化构造的一部分……成为许多社会领域如政治、经济与教育的构成性要素。”[⑤]由此，媒介“存在”不仅仅是一个技术工具，或者权力的触手（组织机构），更重要的是成为社会和文化实践的一个结构性条件。与此同时，媒介并非有待发现或者被指认的客观事物或“现成物”，而是在人类交往互动中被建构起来的“生成物”。作为“物”（自身），媒介的技术内涵不在于实体，即不是其自身单一的内在固有属性和状况，而在于指向关系，即其“物（自身）性”或

---

① N.COULDRY，A.HEPP.The Mediated Construction of Reality［M］.Cambridge：Polity，2017：30.

② 对媒介的此种中介化理解，参见斯蒂格勒.技术与时间：爱比米修斯的过失［M］.裴程，译.南京：南京大学出版社，2012：164.

③ 对媒介的此种中介化理解，参见伊德.技术与生活世界：从伊甸园到尘世［M］.韩连庆，译.北京：北京大学出版社，2012.

④ 对媒介的此种中介化理解，参见 B.LATOUR.Reassembling the Social：An Introduction to Actor-network-theory［M］.London：Oxford University Press，2005.

⑤ A.HEPP，S.HJARVARD，K.LUNDBY.Mediatization-Empirical Perspective：An Introduction to a Special Issue［J］.Communication，2010，（35）3：223－228；A.HEPP，S.HJARVARD，K.LUNDBY.Mediatization：Theorizing the Interplay between Media，Culuture，and Society［J］.Media，Culuture，and Society，2005，（32）2：314-324.

“痕迹”(包括材质、纹理、质感和气味等)在技术和文化的社会互动实践中所承担的连接作用及其所促成的各种社会(权力)关系不断地生成、建构和转化。基于上述理论假设，迄今，媒介化理论关切于媒介与其他事物的关联、互动过程，并在这一过程中审视媒介本身。基于此，它重点关注的是媒介如何形塑社会、观念、认知，而不是作为物质性工具如何承载信息并进行机械地流通；它着重考察当代媒介的社会和文化影响，更多地关注媒介(传播)在文化和社会长期制度化变革过程中发挥的作用，尤其是数字媒介在建构社会组织过程中发挥的奠基性、基础性作用。在数字时代，电子媒介已经深入社会的各个方面，不仅仅影响社会各个组织的形态，更成为整个社会体系建立的基础。电子媒介作为一种强大的物质性力量，正在重构现当代社会的思维方式、生活观念、游戏规则及行为模式。这就是媒介对社会的“形塑”“型构”作用——媒介的媒介化作用。媒介的“本体”(本源)性及其“本体论”地位就体现在媒介对社会的这种媒介化作用中。“媒介化”反映了媒介在文化和社会中日益加剧和变动的重要性的一种新的环境，它预示着媒介将日益融入各个层面的文化和社会实践中，文化与社会则逐渐依赖于媒介及其逻辑——媒介逻辑(media logic)。[①]总之，媒介逻辑“穿透”(saturate)整个人类社会有机体，深刻地干预和支配了人的生存逻辑和世界的存在逻辑。鉴于文化与社会的“媒介化”即媒介日益深刻地作用于人们的文化和社会生活，“人们理解文化和社会时越来越依赖媒介及其逻辑过程。”[②]“媒介化”因此成为一个“理解媒介与

---

① 夏瓦.媒介化：社会变迁中媒介的角色[J].刘君，范伊馨，译.山西大学学报(哲学社会科学版)，2015(5)：61.

② 夏瓦.文化与社会的媒介化[M].刘君，等译.上海：复旦大学出版社，2018：21.

传播渠道的变迁和文化与社会的变迁之间关联的核心概念”①。

“媒介化”不同于一般意义上的“中介化”。这种差异的关键在于:“中介化”只指人的社会交往活动中具体的以媒介为中介或被媒介所中介化的信息传播(mediated communication)实践,它所涉及的是对媒介的中介化使用——媒介仅仅被当作工具或手段。“媒介化”则指涉的是媒介型构、形塑人、社会和文化的媒介逻辑和机制,涉及媒介与其他社会领域之间关系的长期结构性的变迁和转型,它关注包括个人与组织在内的不同的社会角色之间社会交往和关系的变动模式的制度化(institutionalization)或结构化(structuration)。完整地说,媒介化过程包含四个关键点:1.延伸:媒介技术延展了人类沟通与传播本能的界限;2.取代:媒介部分或完全取代社会行动及社会机构;3.交融:媒介行动渗透到越来越多的日常生活与专业化领域中;4.迁就:各种不同专业领域里的组织或个人必须迁就媒介操作信息的形式。②在此,媒介化意味着“媒介不再只是一种互动的渠道,而是以其自身形塑人的社会互动发生的方式”③。具体而言,媒介化关乎一种媒介或一套媒介系统如何通过一套“系统性规则”(systematic norms)或“运作模式”(operational mode)、机制——媒介逻辑——“组织”“规定”了社会中的人、物、机构等多元行动者及其复杂的互动关系,进而由参与其中的行

① A.HEPP, U.HASEBRINK. Human Interaction and Communication Figurations: The Transformation of Mediatized Cultures and Societies [M]//K. Lundby. Mediatization of Communication. Berlin: De Gruyter, 2014: 250.

② W.SCHULZ. Reconstructing Mediatization as an Analytical Concept [J]. European Journal of Communication, 2004, 19 (1): 87-101.

③ S.HJARVARD. From Bricks to Bytes: The Mediatization of Global Toy Industry [M]// I. BONDEBJERG, P.GOLDING. European Culture and the Media. Bristol: Intellect Books, 2004: 44.

动者(包括人、物、机构)通过“社会互动”建构起“现实”(reality)。这就是媒介化(传播)实践对“现实”的“社会建构”(social construction)——“媒介”社会(互动)地建构了“现实”。伴随着“万物媒介化”时代的到来,媒介对社会和文化的媒介化正在成为一种“元过程”(meta-process),推动历史与文明的进程。[①]正因此,随着新媒介形式的发展,一种共同的媒介逻辑正在生成并影响到社会的各个场域,媒介化的结果将是建构起一个促进个体间互动与社会关系的生产和再生产的共享的经验世界。

二、媒介化理论的媒介思想取向

媒介化理论摒弃正统传播学重信息(内容)、轻媒介(形式)的传统,强调传播“物性”(“物自身性”)维度的研究面向,它认为:作为媒介(“物”)自身,媒介技术形式是一个社会的规划、聚集、组织和建构者——总之,就是规定者,它正成为整个社会顶层设计的“元资本”。它既是一种向人“示能”(affordance,afford to act)的技术动力源,促使、激发、触动特定的社会行动,从而建构人们的心理意识并形塑和转化人们的生活场景、行为方式和文化实践,又是一种携带“互动的语法(规则)”(grammar of interactions)的“技术框架”(technological framework),规划、规范、限定(限制)了作为活动参与者的人们的日常社会行动,使之符合技术的需求——技术使用者(人)“在与技术的互动中

① F.KROTZ.The Meta-process of “Mediatization” as a Conceptual Frame[J].Global Media and Communication,2007,3(3):256-260.

被对象化(objectified)了,成为被技术转变的特定'主体'"①。概而言之,媒介不是实体性的(媒介)物,而是"一种拥有自身逻辑的传播形式",其逻辑意味着"事件和观念以该形式被解读和呈现"②。也就是说,媒介是事件和观念得以呈现而"存在"的(传播)"形式"——事物的"存在"形式。技术媒介以其"'物'自身性"在场型构、形塑了人,或激发或限制着人参与其中的社会行动,从而把人与媒介物之间的关系转变为互为目的与手段的关系。从哲学本体论的角度看,媒介化理论建立在"物"本论——"物(自身)"一元本体论——基础之上。基于此,媒介化理论的媒介思想是一种媒介存在论(ontology of media)。这是因为,媒介化理论的本体论基础不仅是唯物主义的,而且是一种不属于传统唯物主义的新唯物主义。这种新唯物主义预设:"物"不仅是世界唯一的本体、唯一的决定性因素,而且是一种没有(精神)对立面的存在,是世界的全部——"物即一切,一切皆物"(心、物不仅合为一体,而且心、物原本为一体)。这种新物质主义(新"物"本论)不止于对传统心物或主客体二元论(或二元对立)等级秩序的颠倒,还彻底瓦解、摆脱、超越了二元论框架结构本身,从而发展成为一种完全意义上的"物(自身)"一元本体论——"物"一元论。基于这种新的"物"(一元)本体论立场,媒介化理论消解了作为"心"之对立面的相对"物"或作为"心"与"物"之间的"中介"意义上的"媒介"的存在,从而确立起作为唯一、绝对"物"(自身)意义上的"媒介"的本体/现象性存在。具

① H.EKIBIA, B. A. NARDI. Inverse Instrumentality: How Technologies Objectify Patients and Players[M]// P. M. LEONARDI, B. A. NARDI, J. KALLINIKO. Materiality and Organizing: Social Interaction in a Technological World.Oxford:Oxford University Press,2012:171.

② D.ALTHEIDE, R.SNOW.Media Logic[M].Beverly Hills:Sage,1979:240.

体地说,在“物”(一元)本体论的观照下,媒介化理论超越了二元对立思维(即物决定人、物质决定精神、经济基础决定上层建筑的二元对立论),而更多地是用一种一元论思维来重新界定人、媒介(机器、技术)、社会之间的关系,视这三者为一体的同一关系——媒介“物”自身绝对地统摄人、人类社会及万事万物。在此,作为“物”自身,媒介并非某种实体性的存在,而是一套“意义系统”(system of signification)。相应地,媒介化(媒介实践)是“一个意义的生产和再生产过程”①。由此可见,媒介化理论既反人本论(媒介工具论),又反物本论(媒介本体论),从而确立起彻底的媒介存在论思想。

媒介化理论所持的媒介存在论思想的彻底性不只是体现在对媒介与人及社会历史文化因素之间关系的理解上。即:媒介化理论的“媒介化”并不意味着具体的媒介物对其他领域的单方面“殖民化”,而是关于媒介物、文化和社会三者的互动以及日渐增强的相互依赖性。②事实上,媒介物通过传播,在型构、形塑社会的同时也被社会重构,这就是媒介物与人、社会文化之间的相互关联(interrelate),表现为“共同接合”(co-articulation)、“共同进化”(co-evolution)和“共同创造”(co-creation)。因此,准确地说,媒介化过程是媒介物与其他社会范畴或领域之间的一种相互影响的过程。但更为根本的是,媒介化理论表明:作为“物自身”的“存在”本身,“媒介”自身并不只是作为物质技术、基础设施等物质性载体、平台、渠道、管道或通道对传播活动施加影响,还作为一个“自动、自主的社会‘主体’”即社会行动的“主体”

---

① R.SILVERSTONE.Why Study the Media[M].London:Sage,1999:13.

② 夏瓦.媒介化:社会变迁中媒介的角色[J].刘君,范伊馨,译.山西大学学报(哲学社会科学版),2015(5):60.

整个地“主导”人类传播活动而使之成为媒介传播活动。由此，媒介使得整个人类社会得以“存在”——开创、存续、拓展、综合和转换。媒介的“本体性”(“存在性”)就体现在媒介对人类传播活动及整个人类社会行动的全面主导和“宰制”以及人类社会如此这般“存在”上。正是从媒介(而非人)是社会行动的主体这个意义上说，所谓的“社会行动”，并不是“人”的社会行动，而是“物”的社会行动——媒介“物”自身的社会行动(实践)。① 如果说媒介化理论反映了一种媒介决定论的理论取向，那么，媒介存在论意义上的媒介决定论是一种绝对意义上的媒介决定论(而不同于一般媒介本体论所规定的相对意义上的媒介决定论)。

① 在媒介化理论所持的彻底性的媒介存在论思想观照下，“媒介”并不是与精神性的“人”相对立的纯粹物质性的媒介(物)，而是作为“物”自身的媒介，统摄、融合了精神性的“人”和物质性的“物”。正是从这个意义上说，“传播并非等同于社会性、符号性或者话语性的活动。相反，传播是物的能动性和人的能动性的交汇过程，以及这一融合领域所展现和揭示的现实。”参见 L.L.PUTNAM.Unpacking the Dialectic: Alternative Views on the Discourse - materiality Relationship[J].Journal of Management Studies, 2015, 52 (5): 713.

第四章 西方媒介思想转向下传播研究范式的转换

西方媒介思想从工具论到本体论的转向,导致传播研究范式从内容(信息)本位到形式(媒介)本位的转换,从而深刻地影响了传播研究的走向,并根本性地改写了传播学科的知识版图。这种传播研究范式的转换具有学科创新上的意义,它标志着传播学从信息传播学转向媒介传播学。

第一节 从信息(内容)本位到媒介(形式)本位:传播研究范式的转换

纵观人类的思想史,人类思想的变化往往会反映到人类的学术研究活动中,甚至左右着学术研究的方向。西方关于媒介的思想和媒介观的演变同样映射到关于媒介的传播学术研究中,引发了传播研究本位从信息/意义(内容)到媒介(形式)的转向,从而促成传播研究范式从“中介化”到“媒介化”的转换，并实现传播学知识型从“信息传播学”到“媒介传播学”的变革。

纵观西方媒介思想的演变历程，从传统到当代，西方人的媒介观发生了一个根本性的转向，从视媒介为人们认识和改造世界的中介化工具转向视媒介为自在自为的“物自身”，即从反媒介的媒介工具（中介）论转向重媒介的媒介存在论。前者基于主（心）客（物）二分思维或二元逻辑（二元对立之心、物二元论）下的人本论（表现为媒介中介论、媒介工具论或媒介功能主义），其“媒介”作为连接主客体的“桥梁”或作为人认识世界和改造世界、与世界打交道的中介性、工具性**对象/表象物（媒介/中介物——存在者）**，服从于主客体之间的认识关系（处于人的目光之下）——作为再现他者的“再现型媒介”①，媒介被视为介于并沟通自然（“物”）与心灵（“心”）而使自然被心灵所“看”到，形成“人—媒介—世界”的认知结构，反映了人对物、对世界的对象性把握，因而属于认识论范畴。由此，媒介是沟通存在者的存在者，即所谓“媒介/中介物”。显然，此处的媒介是“属人”的媒介，此种媒介观则拘囿于工具性思维；后者则基于新“物”本论下的媒介（一元）存在论，其“媒介”作为自我显现的**“物自身”（媒介自身——“存在”）**而存在，摆脱了主客体二元划分的认识关系（超越人的目光）而回到人的生活世界，进而回到世界本身（彻底超然于人的目光）——作为自我呈现的“呈现型媒介”②，媒介“不是人与自然的桥梁，它们就是自然”③，形成“媒介＝世界（包括人）”

① 斯各特·拉什.信息批判［M］.北京：北京大学出版社，2009：117.
② 斯各特·拉什.信息批判［M］.北京：北京大学出版社，2009：117.
③ 麦克卢汉.麦克卢汉精粹［M］.何道宽，译.南京：南京大学出版社，2000：407.

的存在结构,因而属于本体论范畴(存在论——一种本真的本体论)。由此,媒介是使存在者得以“存在”之所在,即“存在”本身——所谓“媒介存在”或“媒介‘物’(自身)”。显然,此处的媒介是由本有之“物”而来的媒介,此种媒介观则彰显出自在自为性思维。

与之相应的是,“媒介传播”实践从中介化传播(以媒介为“中介”的传播即“用媒介的传播”)转向媒介化传播(以媒介为“物自身”的传播即“媒介自身的传播”)。由此可见,人类对“媒介传播”(实践)有两种理解:一种从工具(中介)论意义上来理解媒介,媒介被视为一种工具性的中性、中立的存在,一种消极被动的存在,被看作个人和组织(无论是作为传播者还是受众)可以加以利用,从而实现一定用途和目的的手段,尤其只是把媒介当作信息传播的中介、渠道、载体或平台——媒介(形式)与信息(内容)彼此外在、独立、分离。媒介(形式)是外在于信息(内容)的,它不会影响或改变信息(内容)的性质和内涵。因而,传播是用媒介即以媒介为中介、被媒介所中介或借助媒介参与而传播信息的“中介化”传播。这实质上是一种信息传播实践;一种则从本体论(存在论)意义上来理解媒介,媒介被视为一种“本体(本源)”性或“主体”性的存在,一种积极能动(agency)、主动的存在,被当作传播的“主体”而被视为影响文化和社会存在的决定性因素和结构性条件——媒介(形式)与信息(内容)彼此内在合一以至于同一,即所谓“媒介即信息”。信息(内容)是内在于媒介(形式)的,因为媒介(形式)决定信息(内容),也就是说,它不仅影响、改变信息(内容),更准确地说,是生产、形塑和规定信息(内容)——“媒介之外,别无他物”,更准确地说,“媒介即‘物’”“媒介即一切”。这就是所谓的

"媒介的自足性"和"信息的内在性"。抽离媒介(形式)的信息(内容)是不存在的。因而传播是以媒介本身为主体而对文化与社会产生影响的"**媒介化**"(mediatization/mediazation)传播。这是一种真正意义上的**媒介传播**实践。

就人类社会而言,一般的进化逻辑是:现实经验层面的变化带来思想观念层面的变化,进而引发学理逻辑或学术层面的变化。不同的媒介思想及其所呈现的不同的媒介传播实践形成不同的(媒介)传播研究范式。伴随着这种媒介思想的转向和媒介传播实践的转型而来的是传播研究范式转向媒介的革命性转换,即:从内容本位(以媒介内容即思想/信息为研究的中心和出发点)的传统传播研究范式转换为形式本位(以媒介本身为研究的中心和出发点)的当代传播研究范式。

从传统上看,在过去一百年的人类传播学发展中,无论是主流传播学(经验功能主义)还是批判学派(传播政治经济学或文化研究)、无论是大众(或公共)传播学还是人际(或组织、群体)传播学的传播研究,都建立在人本主义的意义本位论基础上,所秉持的都是媒介工具论观点,即把媒介当作精神交往和信息(作为心智的反映和符号化)表达、承载、传递的中介化工具或手段(譬如,器具、容器、装置、平台、场域、渠道、管道或传送系统),视之为一种"为他者(人)"的工具性存在。它们主要关注作为传播者的人运用媒介将内容(即信息或意义)传递给受众,或者作为受众的人使用媒介获取信息内容,以及聚焦于(作为传播者和受众的人使用的)媒介(传递的)内容或信息(意义)对社会中的个人和群体及整个文化所产生的影响,包括:如何刺激、影响传播者和受众的认知、态度和行为(效果)以及产生何种社会效应,而忽视了作为内容传递载体、渠道或平台的媒介（形式）本身及其在传播过程中的作用，包括对作为传播者和受众的人的感性、理性、存在境况及对整个社会形态的形塑、塑造和型构——媒介本身处于一种“隐身”“离身”“缺席”状态。由此，形成典型的以媒介内容为核心的内容本位型或信息（意义）本位型的传播研究——有关使用媒介以传递意义（信息）的研究。在此，媒介只是传递内容的中介，传播效果被认为是由媒介内容（而非媒介形式本身）产生的，因而，这种（媒介）传播研究范式也被称为**“中介化”传播**（mediated communication）研究。[①]这实质上是一种遮蔽媒介的**“去媒介化”**（脱/离媒介化、“媒介不在场”或“媒介缺席在场”“媒介消失与退隐”）的信息传播研究范式。可见，迄今为止的传播学一直是以信息为研究的出发点和中心的学科——信息/意义本位论（**信息/意义中心主义，information/meaning-centricism，抑或人本位论，即人类中心主义**[②]）的传播学（**信息传播学**）。从根本上说，传播学一直是**“信息研究”**。这是一种重内容、效果等非媒介性维

---

① 当代传播学者施蒂格·夏瓦对传播研究范式做出二分法的划分：依据对媒介（权力及其重要性以及与文化和社会的关系）的不同理解，区分中介化研究（将媒介视为外在于文化和社会而由组织、政党或个人根据自身需求选择是否使用的技术，着重关注媒介所传递的讯息内容对受众即社会和文化中的个人和群体所产生的影响）与媒介化研究（将媒介视为其存在已然成为社会和文化实践的一个结构性条件而同时存在于特定的文化领域以及作为整体的社会中，着重关注媒介形式本身在整个社会和文化结构性变迁中的作用）。他认为：中介化研究是一种就短期内特定事件和空间中单个传播实例即一个“发送者—讯息—接收者”传播回路（loop）的内部、微观的考察；媒介化研究是一种就媒介的长期社会文化影响的外部、宏观的考察。基于此，他指出：在过去的十年间，“媒介化”已然成为探讨技术性媒介对文化和社会变迁产生影响的新理论框架，传播研究范式实现了从“中介化”到“媒介化”的转变。参见夏瓦.文化与社会的媒介化[M].刘君，等译.上海：复旦大学出版社，2018：1-9.

② 作为方法论，信息/意义本位论（信息/意义中心主义）与人本位论（人类中心主义）是一体两面的，或者说，从实质的内涵上讲，信息/意义本位论（信息/意义中心主义）同时就是人本位论（人类中心主义），因为信息/意义是为人所拥有的信息/意义，是针对人、就人而言的信息/意义，以信息/意义为本位、为中心终究是以人为本位、为中心的。

度的所谓正统的传播学传统。一部传统或正统的传播学史就是一部“去媒介化”的历史。与之相对的是,近年来,在反人本主义的大潮下,涌现出预设媒介为万物“存在”之源的“媒介存在论”形式,即把媒介视为一种“本体(本源)”性的存在——以自身为目的的自在、自足的“自为存在”。在媒介存在论这一世界观的观照下,媒介“自身”作为“主体”“到场”“在场”被凸显而获得前所未有的重视和可见度,而人类社会和文化中的一切皆已被媒介化而被规定和构建。由此,由媒介本身的变迁及其所带来的意义的重构、连接的重建和关系的重塑从长久地被遮蔽的状态中得以彰显。由此,形成以媒介形式本身为核心的**形式本位型或媒介本位型**的传播研究——关注媒介作为文化环境和文化实践形态的社会文化效应即对社会和文化变迁(长期结构性、制度化转变)产生作用、影响的研究。在此,媒介被视为媒介化一切事物的“主体”,传播效果则被认为是由“媒介自身”所产生的,因而,这种(媒介)传播研究范式也被称为“**媒介化”传播(mediatized commuication)研究**。这是一种凸显媒介的“**超媒介化**”(“媒介在场”且“显在”)的媒介传播研究范式。于是,未来的传播学将转向和演变为以媒介为研究的出发点和中心的学科——**媒介本位论(媒介中心主义**[1]**,media-centricism)**的传播学(**媒介传播学**)。从信息传播学转向媒介传播学,标志着传播学的**媒介“物”自身性**转向的实现,由此,传播学成为一种真正意义上的“**媒介研究**”,并将形成一种同时包含人文、

---

① 此处的“媒介中心主义”,不同于传统的“媒介中心主义”,虽然两者都是方法论意义上的传播研究范式,但它们建立在不同的本体论基础之上,前者建立在新“物”本论(媒介存在论)之上,后者则仍建立在传统物本论(媒介本体论)或人本论(人本体论)之上。因而,从方法论上讲,前者是绝对意义上的“媒介中心主义”(超越了传统“媒介中心主义”与“人类中心主义”之间的二元对立),后者则是相对意义上的“媒介中心主义”(相对于人类中心主义而言)。

社会科学和自然科学的“后学科媒介理论”（a post-disciplinary theory of media，基特勒语）。更为深刻地说，这种未来形态的传播学的到来预示着传播学将从人类传播学到超人类传播学的转型。

第二节 传播研究范式“媒介”化转换的学术实践

近二十年来，传播学的研究视角开始从对被媒介所传递的信息内容的关注逐渐转向对用于传递信息内容的媒介形式本身的关注，即从对信息传播的关注慢慢转向对媒介自身的关注。从此，人们把媒介形式作为分析一切传播问题的出发点，不再只关注传递的内容或意义，也不再局限于关注通过什么媒介传递内容或意义。由此，在传播学领域引发了“传播（学）的物自身性”（thing-ness of communication）转向——传播研究的重心从信息传播转向媒介自身。换言之，传播研究范式从“中介化”研究转向“媒介化”研究，这种传播研究的“媒介化”转向主要表现为语言/符号（媒介）转向、空间（媒介）转向、技术（媒介）转向、身体（媒介）转向等。在这种研究范式的转向下，符号（话语、文本）、空间、技术和身体等“媒介”成为传播学中最有发展潜力和最具创新价值的研究议题，并相应地出现了符号传播研究、空间传播研究、“物质性”传播研究和具身传播研究等传播研究新形态。正如有传播学者所指出的：“应将‘媒介’确定为传播学研究的重要入射角，这不仅仅是为了纠正传播研究重内容、重效果而忽视媒介的偏向，更重要的是，我们认为从‘媒介’入手最能抓住传播研究的根本，显示其独有的光彩。"①

在学术实践中,这种传播研究范式的"媒介"化转向最为突出地表现为传播学领域中大众传播研究(视传播为观念、意义或信息的传递过程)遭受冷落,媒介(化)研究(视传播为媒介的意义生成、构成过程)蓬勃兴起。在以往,传播研究持续关注传播的话语文本的内容即信息和意义维度,传播被理解成一种传递符号、携带意义和产生反馈的过程,而如今,传播活动所依据的"基础设施、空间、技术、身体逐渐成为(传播研究)焦点",而传播活动本身可以"被理解成一种物性进程(a material process),无论它是物理意义上的,还是机械性或数字性的"②。在传播的物自身化转向(包括符号转向、空间转向、身体转向和技术转向)下,兴起了符号传播学、媒介地理学、具身传播研究和技术传播研究,并涌现出媒介学、媒介环境学、媒介考古学和媒介化理论等以媒介为核心研究对象的传播学研究范式。对此,媒介环境学派代表人物麦克卢汉自觉意识到:"运输式的传播理论关心的问题是排除噪声,清除轨道上的干扰,让运输畅通……我对这样的理论没有多少兴趣。我的理论是,或者说我的关注点是,这些媒介对使用者产生什么影响。"③而后,这种研究范式的转向波及整个新闻传播学领域。长期以来,报刊/媒介史的研究一直重视版面的内容,轻视形式,媒介史成了内容史,或说观念史。对此,有传播学者指出:报纸(newspaper)被研究了这么多年,但我们讨论的从来只是报(news),而不是纸

① 黄旦.辨音闻道识媒介[M]//"传播与中国译丛"——"媒介道说系列"序.北京:中国传媒大学出版社,2019:13.

② J.PARKER,S.WILEY.Introduction:The Materiality of Communication[M]// J.PARKER,S.WILEY.Communication Matters:Materialist Approaches to Media,Mobility and Networks.London:Routledge,2012:3.

③ 麦克卢汉.麦克卢汉如是说[M].何道宽,译.北京:中国人民大学出版社,2006:156.

(paper)。没有人认真考虑过印刷机、油墨、纸张等物质对于整个新闻行业、对于传播的影响和意义。[①]为此,应该回到最感性直观的版面之“物”本身,回到版面作为媒介——“是其所是之物”,视之为限定着的世界网络之“聚集”,探究其如何塑形/转换着交往的时间、空间与身体感知。[②]甚至有学者指出:在当代媒介环境中,关于CPU、内存、键盘、屏幕,甚至计算机用户界面里面的图标、点赞符号等物质的研究都在呼唤着我们回头去思考各种媒介物,以及过去历史中各种可见或不可见的物即媒介(形式)本身。[③] 由此,兴起了一股物质媒介生态学研究[④],探讨媒介物或技术媒介及其所构成的生态环境如何影响和改变着我们的认知、具身体验及我们理解这个世界的方式。展望未来,将“媒介”作为世界“存在”方式的媒介存在论探讨将成为传播学研究的最高境界。

最后,应该指出的是,世界在变,无论是外在经验世界还是内在精神世界,一直都在发生改变。但总的来说,与其说世界(本身)在变,不如说世界观在变,即人们看待世界的观点和方式在变。因为一旦世界观发生改变,世界必然会随之发生改变(世界不再是原来的那个世界),而不是相反。有鉴于此,在新的传播研究范式的观照下,既有的传播实践会为之一变。在以信息内容为本位的中介化传播研究转向以媒介形式为本位的媒介化传播研究的范式革命中,人类的传播实践必然更多地从信息传播实践(中介化传播)转向媒介传播实践(媒介化传播)。

---

① I.SILES,P.BOCZKOWSKI.At the Intersection of Content and Materiality:A Texto-material Perspective on the Use of Media Technologies[J].Communication Theory,2012,22 (3):227-249.

② 孙藜.“版面”之物:“媒介”想象中的超越与返归[J].新闻记者,2018(12):14-22.

③ M.VAN DEN BOOMEN, S.LAMMES, A.S.LEHMANN, et al. Digital Material: Tracing New Media in Everyday Life and Technology[M].Amsterdam:Amsterdam University Press,2009.

④ 不同于媒介环境学派意义上的媒介生态学,此处的(物质)媒介生态学不是一种隐喻修辞,而是指回归物理、生化生态环境本义的真正意义上的生态学。